China's Science Technology and Innovation
Internationalization Index Report 2023

中国科技创新
国际化指数研究报告
2023

中国科学技术交流中心　编著

科学技术文献出版社
SCIENTIFIC AND TECHNICAL DOCUMENTATION PRESS
·北京·

图书在版编目（CIP）数据

中国科技创新国际化指数研究报告. 2023 =
China's Science Technology and Innovation
Internationalization Index Report 2023 / 中国科学
技术交流中心编著. -- 北京 : 科学技术文献出版社,
2025. 3. -- ISBN 978-7-5235-2032-1

Ⅰ. F124. 3

中国国家版本馆CIP数据核字第20245BD111号

中国科技创新国际化指数研究报告2023

策划编辑：丁坤善　陈梅琼　　责任编辑：韩　晶　　责任校对：张永霞　　责任出版：张志平

出　版　者	科学技术文献出版社	
地　　　址	北京市复兴路15号　　邮编　100038	
出　版　部	(010) 58882941，58882087（传真）	
发　行　部	(010) 58882868，58882870（传真）	
邮　购　部	(010) 58882873	
官 方 网 址	www.stdp.com.cn	
发　行　者	科学技术文献出版社发行　全国各地新华书店经销	
印　刷　者	北京时尚印佳彩色印刷有限公司	
版　　　次	2025 年 3 月第 1 版　2025 年 3 月第 1 次印刷	
开　　　本	889×1194　1/16	
字　　　数	120千	
印　　　张	7.75	
书　　　号	ISBN 978-7-5235-2032-1	
审　图　号	GS京 (2024) 2590号	
定　　　价	68.00元	

《中国科技创新国际化指数研究报告 2023》

编委会

主　任：高　翔

副主任：杨雪梅

委　员：（按姓氏笔画排列）

万　聪　王　磊　朱晓暄　李　宁　杨　修
宋　娥　陈　雄　董克勤　管海波

专家组

（按姓氏笔画排列）

马名杰　刘冬梅　郑浩峻　潘云涛　潘教峰

编写组

组　长：杨　修

副组长：方　慈　康志男　蒋自然

成　员：（按姓氏笔画排列）

万天虎　王庆伟　方滢恺　李依依　李寒凝
吴　悦　张雨晴　陈奕杰　庞金萍　胡　伟
高　颖　高立菲　彭歆琳

前　言

　　国际科技合作是中国特色自主创新道路的应有之义，是我国科技事业取得历史性成就、发生历史性变革的重要经验之一。党的十八大以来，以习近平同志为核心的党中央高度重视科技开放合作，强调要以全球视野谋划和推进科技创新。党的二十大报告指出，"扩大国际科技交流合作，加强国际化科研环境建设，形成具有全球竞争力的开放创新生态"，为新时期深化国际科技合作提供了根本遵循，指明了前进方向。2024 年 6 月 24 日，习近平总书记在全国科技大会、国家科学技术奖励大会、两院院士大会上将"拥有强大的科技治理体系和治理能力，形成世界一流的创新生态和科研环境"作为科技强国建设的五大基本要素之一。深入践行构建人类命运共同体理念，推动科技开放合作，已成为科技强国建设的重要任务之一。

　　当今世界百年未有之大变局加速演进，单边主义、保护主义抬头，逆全球化思潮暗流涌动，世界经济复苏步履维艰，科技革命与大国博弈相互交织，高技术领域成为国际竞争最前沿和主战场，我国科技开放合作面临的外部环境严峻复杂。习近平总书记指出，科技进步是世界性、时代性课题，唯有开放合作才是正道。国际环境越复杂，我们越要敞开胸怀、打开大门，统筹开放和安全，在开放合作中实现自立自强。面对日益复杂严峻的外部环境，我国积极构建全球科技伙伴关系，已同全球 160 多个国家和地区建立科技合作关系，签署 110 余个政府间科技合作协定，加入 200 多个国际组织和多边机制，深入实施"一带一路"科技创新行动计划，国际科技合作的深度和广度不断拓展，科技开放合作能力持续加强。同时，我国持续强化区域科技开放合作，各地科技创新国际化水平不断提升，北京、上海、粤港澳大湾区三大国际科技创新中心建设加速推进，东部地区加强国际化科研环境建设，大力吸引外资研发机构、国际科技组织等集聚发展，加大全球顶尖人才引进力度，积极融入全球创新网络；东北地区、中部地区、西部地区积极推动"一带一路"科技开放合作，主动服务国家外交大局。

2023 年 4 月，中国科学技术交流中心发布了《中国科技创新国际化指数研究报告 2022》。该报告基于中国科技开放合作的实际，构建了科学合理的中国科技创新国际化评价指标体系，全面、科学、准确地描述和反映中国各地区科技创新国际化的水平和特征。在前期研究的基础上，今年我们继续对中国 31 个省级行政区科技创新国际化水平进行综合评价与分析，宏观把握当前各地区科技开放合作总体情况，找准合作中的"短板"。我们希望，本报告为各地方高质量开展国际科技交流合作，为加快建设具有全球竞争力的科技创新开放环境、实现高水平科技自立自强提供一定的参考借鉴。

编写组

2024 年 10 月

C目 录
Contents

中国科技创新国际化指数研究报告2023

总 论 第一章

　　本报告从国际创新合作基础、创新要素跨国流动、开放创新环境 3 个分维度构建了中国科技创新国际化评价指标体系。以中国 31 个省级行政区为分析单元，基于 2021 年数据，对各地区科技创新国际化发展的整体实力及各分维度的发展水平进行了评估，并重点分析了北京、上海、粤港澳大湾区 3 个国际科技创新中心以及成渝、湖北、陕西 3 个区域科技创新中心，主要研究结论如下所述。

一、总体情况概述

　　中国科技创新国际化评价指标体系包括 3 项一级指标、10 项二级指标、31 项三级指标。一级指标分别为国际创新合作基础、创新要素跨国流动和开放创新环境。国际创新合作基础下设 3 项二级指标，分别为科技创新实力、创新市场活跃度和创新合作载体。创新要素跨国流动下设 4 项二级指标，分别为人才要素、资金要素、知识要素和技术要素。开放创新环境下设 3 项二级指标，分别为区域发展水平、制度环境和经济开放度。在中国科技创新国际化评价指标体系框架下，本报告采用了熵权法与德尔菲法相结合的权重设计方法对指标权重进行测算。首先，本报告运用熵权法，从数理统计学意义上计算出一套指标权重系数；其次，在此基础上，邀请专家对指标权重系数进行研讨和评议，结合指标实际意义对不合理的指标权重进行适度调整，最终确定指标权重系数；最后，结合指标权重系数，测算 2021 年中国 31 个省、自治区、直辖市科技创新国际化水平并进行综合排名，排名结果如下[①]。

---

① 　因西藏相关指标数据存在缺失，本报告对其进行特殊化处理，仅对总指数和一级指标进行排名，指数暂不显示，具体排名如表 3-1 所示，之后不再说明。

（一）综合指数

中国科技创新国际化指数排名前 10 位的省级行政区依次为北京、上海、江苏、广东、浙江、天津、湖北、山东、福建、陕西；排名第 11～20 位的省级行政区依次为湖南、安徽、重庆、四川、辽宁、江西、吉林、河南、海南、河北；排名在第 20 位之后的省级行政区依次为贵州、黑龙江、云南、广西、内蒙古、山西、宁夏、甘肃、新疆、青海、西藏。

总体来看，2021 年大部分省级行政区的科技创新国际化水平得分较 2020 年有所提升。北京、上海、江苏、广东、浙江排名保持不变，继续占据领先地位。2021 年，得分超过平均值（60.90）的省级行政区有 10 个，比 2020 年增加 2 个，这显示出全国各地在科技创新国际化方面的整体进步。此外，贵州、湖南、重庆等地综合排名上升显著，四川由于开放创新环境方面指标表现有所下滑，综合排名下降 4 位。

（二）国际创新合作基础

国际创新合作基础指数排名前 10 位的省级行政区依次为北京、江苏、广东、浙江、上海、山东、天津、湖北、陕西、安徽；排名第 11～20 位的省级行政区依次为四川、湖南、福建、重庆、辽宁、河北、黑龙江、江西、河南、吉林；排名在第 20 位之后的省级行政区依次为宁夏、甘肃、山西、贵州、广西、云南、内蒙古、青海、新疆、海南、西藏。

总体来看，2021 年有 9 个省级行政区在国际创新合作基础方面超过了平均值。相较于 2020 年，北京、江苏和广东排名没有变化，但得分均有提升，继续保持领先地位，显示了其在国际创新合作上的稳定优势。此外，广西在创新市场活跃度与创新合作载体方面进步较大，国际创新合作基础排名上升 2 位。

（三）创新要素跨国流动

创新要素跨国流动指数排名前 10 位的省级行政区依次为上海、北京、江苏、广东、湖北、浙江、山东、辽宁、陕西、天津；排名第 11～20 位的省级行政区依次为重庆、四川、福建、湖南、吉林、安徽、海南、江西、贵州、河南；排名在第 20 位之后的省级行政区依次为黑龙江、云南、新疆、河北、广西、甘肃、山西、内蒙古、宁夏、青海、西藏。

2021 年创新要素跨国流动的平均值为 23.03，相比 2020 年略有下降，整体水平变化不大。其中，有 10 个省级行政区的得分超过了平均值，前 3 位依然是上海、北京和江苏，排名相对稳定。上海在 2021 年排名上升至首位，显示出其在创新要素跨国流动方面的领先地位。贵州的排名上升最为显著，从 2020 年的第 26 位提升至 2021 年的第 19 位，这表明了该省在创新要素跨国流动方面取得了显著的进步。此外，海南、湖北、湖南和陕西的排名也均有明显提升。河南的资金要素竞争力大幅减弱，导致其创新要素跨国流动指标排名下降了 8 位。

（四）开放创新环境

开放创新环境指数排名前 10 位的省级行政区依次为北京、上海、广东、天津、浙江、江苏、福建、山东、湖南、江西；排名第 11～20 位的省级行政区依次为安徽、重庆、河南、海南、陕西、湖北、四川、吉林、河北、辽宁；排名在第 20 位之后的省级行政区依次为贵州、内蒙古、广西、云南、黑龙江、山西、宁夏、甘肃、新疆、青海、西藏。

总体来看，2021 年各省级行政区的开放创新环境得分相较于 2020 年有所提升，有 11 个省级行政区的得分超过了平均值，前 3 位依然是北京、上海和广东，排名相对稳定。河南的排名从 2020 年的第 17 位上升至 2021 年的第 13 位，是排名上升最为明显的省级行政区，表明河南在开放创新环境方面取得了显著的进步。同时，重庆、吉林和贵州排名也有明显提升。

二、各分维度特点

（一）国际创新合作基础

1. 科技创新实力

2021 年，中国各省级行政区在科技创新实力方面保持了积极的发展态势。总体来看，各省级行政区的科技创新实力得分相较于 2020 年有所提升，有 10 个省级行政区的得分超过了平均值，前 3 位依然是北京、上海和天津，排名较为稳定。其中，四川和山东的科技创新实力进步最为显著。各地区科技创新实力表现各有亮点，北京三级指标中的每万名从业人员发明专利申请量和高技术产业新产品销售收入占主营业务比重两项指标名列前茅且增幅最大。山西科技创新实力的三级指标排名均有提升，其中高技术产业新产品销售收入占主营业务比重排名上升 10 位，进步尤为明显。青海高等教育人员占比和高技术产业新产品销售收入占主营业务比重两项指标排名均大幅下降。

2. 创新市场活跃度

2021 年，创新市场活跃度总体上有所提升。北京超过 2020 年排名第一的江苏，在创新市场活跃度方面跃居第一。有 8 个省级行政区的得分超过了平均值，浙江的创新市场活跃度排名由 2020 年的第 4 位上升到 2021 年的第 3 位。在三级指标创业投资机构数量方面，上海较上年增加 10.91%，增幅最大；重庆排名上升 8 位，进步最大。新疆的国家技术转移机构数量排名上升 7 位，进步显著。

3. 创新合作载体

2021 年的创新合作载体得分有 7 个省级行政区超过了平均值，各省级行政区的创新合作载体得分整体上有所提升。广东以 5.57 的得分位居第一，保持领先地位。江苏和浙江分别位居第二和第三，表现稳定。在三级指标规模（限额）以上企业中创新合作企业比例方面，湖北和重庆排名均大幅跃升，进入全国前 4 位。

（二）创新要素跨国流动

1. 人才要素

2021 年，人才要素整体得分有所提升，有 12 个省级行政区的得分超过了平均值。上海在 2021 年继续保持领先地位，稳居第 1 位。北京和江苏依然保持在前 3 位。吉林排名从第 18 位上升到第 10 位，进步最为显著。各地区人才要素表现各有亮点，湖北二级指标高新技术企业留学归国人员数量占年末从业人员总数比例排名上升 9 位，吉林和陕西二级指标高新技术企业外籍常驻人员数量占年末从业人员总数比例排名分别较上年上升 20 位和 16 位，表现十分强劲。

2. 资金要素

在 2021 年资金要素的整体评价中，有 11 个省级行政区的得分超过了平均值。上海虽得分略有下降，但仍继续保持第一。江苏保持在第 2 位，广东排名上升 3 位，跻身前 3。河南资金要素排名由 2020 年的第 5 位下降至第 25 位，排名变动最大，显示出河南在科技创新合作的资金投入方面面临较大挑战，需要加强多元化的资金投入。在三级指标国外资金占 R&D 经费内部支出比例方面，贵州排名上升 25 位，表现十分突出。辽宁三级指标外商投资高技术企业经费排名上升 19 位，提升显著。

3. 知识要素

2021 年，大多数省级行政区在知识要素指标上都有不同程度的提升，有 12 个省级行政区的得分超过了平均值，显示了全国各地在知识要素积累和创新方面的积极进展。北京继续在知识要素指标中保持领先地位，以 6.17 的得分稳居第 1 位。广东仍保持在第 2 位。海南知识要素指标排名由 2020 年的第 25 位上升至第 8 位，这一显著变化反映了海南在知识要素积累和创新环境改善方面的巨大进步。在三级指标国际专利申请数量占地区专利申请总数比例方面，安徽和海南排名分别上升 11 位和 14 位，进步迅速。

4. 技术要素

2021 年，各省级行政区在技术要素指标上表现出显著的变化和进步。相较于 2020 年，中国有 11 个省级行政区的得分超过了平均值。值得注意的是，湖北在技术要素得分上取得了显著的提升，超越北京，跃居第 1 位，反映了湖北在技术创新和应用方面的快速发展。湖南技术要素排名上升 8 位，进入前 10 位，三级指标国外技术引进合同金额和国家技术转移机构促成国际技术转移项目成交金额排名分别较 2020 年上升 7 位和 19 位，表现突出。

（三）开放创新环境

1. 区域发展水平

中国各省级行政区在区域发展水平方面保持了积极的发展态势，2021 年共有 9 个省级行政区的得分超过了平均值，前 3 位依然是北京、上海和江苏，排名较为稳定。其中，湖南的区域发展水平位次进步最为显著，排名较 2020 年上升 5 位，进入前 10 行列。山西三级指标人均 GDP 排名较 2020 年上升 8 位，表现优异。在三级指标综合能耗产出率方面，天津、四川和贵州的进步最明显。

2. 制度环境

多数省级行政区在 2021 年制度环境得分上有所提升，有 12 个省级行政区的得分超过了平均值。其中，吉林、内蒙古和天津的表现尤为突出，这些地区三级指标营商环境得分均有较大幅度的增长。具体来看，吉林制度环境排名从 2020 年的第 28 位上升到第 13 位，内蒙古排名从 2020 年的第 29 位上升到第 15 位，天津排名从 2020 年的第 14 位上升到第 9 位，体现了各地政府在优化营商环境、提升行政效率、加强法治保障等方面的有效努力。

3. 经济开放度

2021 年的经济开放度得分有 14 个省级行政区超过了平均值，反映了中国各地在经济开放方面的积极探索和努力。在 2021 年的排名中，北京以 8.76 的得分位居第一，超过了上海。吉林在经济开放度方面取得了显著进步，排名从 2020 年的第 27 位跃升至第 17 位，三级指标投资开放度排名较 2020 年上升 16 位，显示了该省在吸引外部投资和促进经济发展方面取得了显著成效，表现出色。

三、事实特征

（一）我国科技创新国际化水平总体上进步明显，国际创新合作基础表现突出

2021 年我国科技创新国际化指数平均值较 2020 年有所提升，总体呈上升态势，尤其是国际创新合作基础进步显著。从创新投入看，我国研发投入不断增加，研发投入占 GDP 比重 2014 年超过 2%，此后逐年提高，2021 年达到 2.43%[①]、排世界第 15 位。

---

① 数据来源于 UIS 数据库。

从创新产出看，2021 年我国专利申请量共 1 585 663 件 [①]，数量远超其他各国。我国创意产品出口 [②] 也常年保持世界高位，自 2019 年之后，我国占世界创意产品出口比例均在 30% 以上，2021 年之后高达 35%，而日韩这一比例不到 5%，美国不到 10%，欧洲约 30%。我国不断增强的科技创新实力有利于我国更广泛、更深入地参与国际科技合作，也为与世界各国进行科技合作奠定良好基础。同时，高水平的国际科技交流与合作又能增强科研实力，激发更多创新活力，二者相辅相成、相得益彰。

（二）东部地区继续领跑全国，西部地区变化幅度最大，陕西、贵州等增长势头迅猛

东部地区科技创新国际化发展较快，国际科技交流合作水平较高。2021 年，除河北和海南以外，其余 8 个省级行政区综合得分均进入全国前 10 位，总指数得分显著高于中部地区、西部地区和东北地区。从总指数变化幅度看，东部地区最为稳定，其中北京、上海、江苏、广东、浙江总指数排名较 2020 年均未发生变动，依然位居前 5。西部地区的各省级行政区排名变化起伏最大，其中陕西位次上升至全国前 10 位，贵州位次进步明显，重庆、内蒙古各上升 2 位，而广西、四川、宁夏的位次有所下降。

（三）北京、上海的科技创新国际化水平进一步提升，广东保持平稳发展态势

北京和上海作为我国国际科技创新中心的领军者，持续深化国际科技合作，不断扩大其在全球的科技创新影响力。北京凭借科技创新实力、创新市场活跃度等方面的绝对优势，科技创新国际化水平稳居全国榜首，其国际创新合作基础和开放创新环境均名列第 1。上海在人才要素和资金要素上表现突出，创新要素跨国流动居全国首位，科技创新国际化水平愈加增强。作为粤港澳大湾区科技创新中心的重要组成部分，广东则保持平稳发展态势，尽管基于新冠疫情等原因，其开放创新环境维度的一些指标有所下降，但广东的科技创新国际化优势依然显著，各项指标均位居全国前列，总指数排名较上一年持平，居全国第 4 位。

---

① 数据来源于 WIPO 专利数据库。

② 数据来源于 UNCTAD 数据库。

（四）重庆、湖北、陕西的科技创新国际化发展稳中有进，引领带动区域科技开放合作

重庆、湖北和陕西的科技创新国际化水平总体处于全国前列，且排名也在不断上升，其中，与 2020 年排名相比，2021 年重庆排名上升 2 位，湖北和陕西各上升 1 位。2021 年，重庆通过加强国际科技联合研发和举办多场国际科技交流活动，总指数排名显著上升，尤其是创新要素跨国流动和开放创新环境两个维度的排名提升更加明显；湖北成功举办了多项国家级科技交流活动，技术要素指标跃居全国首位，国际创新合作基础和创新要素跨国流动排名均有所提升；陕西则紧抓"一带一路"机遇，加快推动高水平对外开放合作，科技创新实力和人才要素均取得较大进步。

理论框架 第二章
与研究方法

一、理论框架

在全球经济发展的新时代，科技创新成为国家综合实力、国际竞争力和经济社会可持续发展的重要支撑。科技创新国际化是指科技创新活动跨越国界，在更广阔的范围内实现资源优化配置和要素流动，从而获得更多更高质量的科技成果和产品的过程。当前，科技创新国际化已成为世界主要经济体竞相角逐的新焦点，在全球范围内形成了"你中有我、我中有你"的竞争态势。在国家创新体系建设中，科技创新国际化已成为提高国家综合竞争力的重要途径。随着我国进入高质量发展阶段，积极参与全球科技合作与竞争将成为推动我国经济实现高质量发展的关键因素。

首先，在科技创新国际化网络中，国际创新合作基础是科技创新国际化的基石。在全球化背景下，构建稳固的国际创新合作基础，对于推动科技创新国际化具有重要意义。其次，创新要素跨国流动是科技创新国际化的关键驱动力。创新要素的跨国流动状况和程度是科技创新国际化的具体表征，加强国际创新合作与促进创新要素的跨国流动对于开放创新环境具有决定性意义。最后，开放创新环境是科技创新国际化的重要保障，同时，开放创新环境有利于创新要素的自由流动和优化配置，为科技创新国际化提供有力支撑。国际创新合作基础、创新要素跨国流动、开放创新环境各自在科技创新国际化过程中起到不可或缺的作用，且彼此相互关联，共同推动着科技创新国际化的进程。所以我们将从国际创新合作基础、创新要素跨国流动及开放创新环境3个方面来对科技创新国际化发展进行解构。具体如下：

从基础条件看，稳固的国际创新合作决定了科技创新国际化水平。国际创新合作为科技创新国际化提供了科技创新投入、科技创新产出、创新组织、国际合作平台等重要基础要素。一方面，跨国企业利用全球资源进行研发和创新，以获得技术领先优势和竞争优势，推动企业国际化发展；另一方面，国际创新合作加强了各国之间的知识、技术交流与互补，各国技术成果和知识的传播和扩散得以加强，国家创新资源得到优化配置，增强了国家的创新能力。国际创新合作基础是指创新系统参与国际合作的基本实力，包括科技创新实力、创新市场活跃度和创新合作载体等内容。科技创新实力是国家和地区核心竞争力的体现，反映研发投入、科技创新产出、高技术产业创新能力、科技人力资源等相关内容；创新市场活跃度表征地区创新创业及技术交易水平，包括技术合同额及创业投资机构、国家技术转移机构、科技孵化器等机构的数量等相关内容；创新合作载体为创新主体参与国际研发合作、融入全球创新网络提供了专业化组织平台，包括高技术产业外资企业办研发机构数量、规模以上企业中创新合作企业比例等。

从表现形式看，创新要素跨国流动是科技创新国际化发展的关键表征。创新要素指影响创新活动产出的投入资源或影响创新活动实现的支撑条件。科技创新国际化发展的实质是促进国家和地区间创新要素的交流、交易与融合，获取外部创新资源，拓展创新的全球市场，优化资源配置，促进科技创新发展水平的提升，是体现科技创新国际化水平的重要形式。创新要素跨国流动是科技创新国际化的重要体现，包括人才要素、资金要素、知识要素和技术要素等内容。其中，人才是所有创新活动的核心驱动，在科技创新国际化中扮演着至关重要的角色，包括归国留学生、外籍科研人员、参与对外科技交流活动人员等。资金为科技创新国际化的行为赋能，促进科技创新国际化发展，其包括国际合作项目经费投入、利用外资研发经费及对外拨付研发经费水平等内容。知识和技术反映了科技成果水平，其主要包括国内科技论文被收录数量、国际专利申请、外国技术引进规模等内容。

从发展环境看，开放、多元、包容的创新环境是培育新时代科技创新国际化的重要土壤。国际化的开放创新环境是国家和地区吸引海外创新要素集聚、高水平开展国际创新活动的重要因素。制度、政策及经济、文化等开放水平是衡量创新体系开放性的重要指标，也是影响科技创新国际化发展的重要因素。开放创新环境是指创新系统通过建设基础设施、提供服务平台和制度保障等措施保证创新资源进行良好的国际互动，是在特定的区域内各种与创新相联系的要素及协调各要素之间关系的制度及其政策的总和，主要包括区域发展水平、制度环境和经济开放度等内容。区域发展水平反映了当地经济和产业发展水平，包括人均 GDP、万人移动互联网用户数、二三产业增加值占比等内容；制度环境包括营商环境、政府与市场关系等内容；经济开放度主要反映贸易和投资领域对外开放水平，包括贸易开放度和投资开放度等内容。

三者互相支撑，相互表征，共同构成了科技创新国际化的理论框架（图 2-1）。一方面，加强国际创新合作，可以促进全球科技资源的整合与创新要素的集聚，同时有利于全球科技资源的优势互补。国际创新合作基础是衡量科技创新国际化的核心表征。另一方面，开放的创新环境为国际创新合作提供了基础的保障，同时使得创新要素的跨国流动成为可能。同时，国际合作及创新要素跨国流动的加强也可以表征科技创新国际化程度的不断提高，也需要与开放创新环境的协同发展来支撑科技创新国际

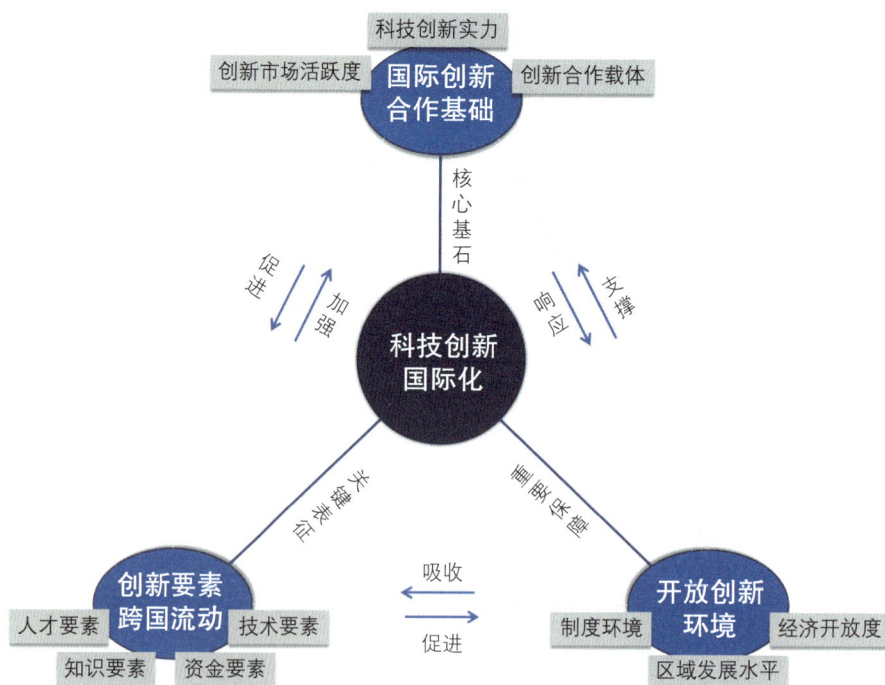

图2-1 科技创新国际化的理论框架

化的接续深化。开放的创新环境是科技创新国际化的基础，也是衡量科技创新国际化顺利推进的核心要素，也是科技创新国际化的必然要求。再者，创新要素跨国流动所带来的资源整合与要素集聚优势，是国际创新合作能够顺利开展的物质基础，也是科技创新环境开放的重要表征。国际创新合作的重要内容就是促进资源要素的优势互补来增强科技创新的国际化水平，同时科技创新国际合作所取得的成效也在支撑科技创新环境的开放。

二、指标体系

基于中国科技创新国际化理论框架，并借鉴国内外诸多科技创新评价报告，构建中国科技创新国际化评价指标体系（简称"指标体系"）。指标体系包括 3 项一级指标、10 项二级指标、31 项三级指标（表 2-1）。其中 3 项一级指标分别为国际创新合作基础、创新要素跨国流动和开放创新环境。国际创新合作基础下设 3 项二级指标，分别为科技创新实力、创新市场活跃度和创新合作载体。创新要素跨国流动下设 4 项二级指标，分别为人才要素、资金要素、知识要素和技术要素。开放创新环境下设 3 项二级指标，分别为区域发展水平、制度环境和经济开放度。

表2-1　中国科技创新国际化评价指标体系

一级指标	二级指标	编号	三级指标
国际创新合作基础	科技创新实力	1	R&D 人员全时当量占地区从业人员比例
		2	全社会 R&D 投入强度
		3	受高等教育人员占比
		4	每万人发表科技论文数
		5	每万名从业人员发明专利申请量
		6	高技术产业新产品销售收入占主营业务比重
	创新市场活跃度	7	创业投资机构数量
		8	国家技术转移机构数量
		9	科技企业孵化器数量
		10	技术合同成交额
	创新合作载体	11	高技术产业外资企业办研发机构数量
		12	规模（限额）以上企业中创新合作企业比例

续表

一级指标	二级指标	编号	三级指标
创新要素跨国流动	人才要素	13	高新技术企业留学归国人员数量占年末从业人员总数比例
		14	高新技术企业外籍常驻人员数量占年末从业人员总数比例
		15	高校教育机构外籍教师人数
	资金要素	16	国外资金占 R&D 经费内部支出比例
		17	对境外机构支出占 R&D 经费外部支出比例
		18	外商投资高技术企业经费
	知识要素	19	国外主要检索工具收录我国科技论文数
		20	国际专利申请数量占地区专利申请总数比例
	技术要素	21	国外技术引进合同金额
		22	国家技术转移机构促成国际技术转移项目成交金额
		23	ICT 服务出口占地区出口总额的比例
开放创新环境	区域发展水平	24	人均 GDP
		25	二三产业增加值占地区生产总值比例
		26	万人移动互联网用户数
		27	综合能耗产出率
	制度环境	28	营商环境得分
		29	政府与市场关系得分
	经济开放度	30	贸易开放度
		31	投资开放度

三、测度方法

本报告基于客观与主观相结合的方法对中国科技创新国际化水平进行综合评价，在对数据进行标准化的基础上，首先运用熵权法测算各指标的客观权重系数，再根据每项指标的内涵进行适当调整，并邀请领域专家对指标权重进行多次评议和研讨，获取最终权重。对不同级别指标进行加权处理，得到各级指标的发展水平及排名。具体评价步骤如下：

① 定义矩阵。定义科技创新国际化综合评价矩阵 X_{ik}，其中 i 为被评价省（自治区、直辖市）（$i=1, 2, \cdots, 31$），k 为评价指标（$k=1, 2, \cdots, 31$）。X_{ik} 矩阵中的元素记为 x_{ik}，表示 i 省级行政区在 k 指标的取值。

② 数据标准化。本报告采用 Min-max 标准化（Min-max normalization）对数据进行无量纲标准化处理，得到 $\boldsymbol{X}'_{ik}$ 矩阵，其元素记为 x'_{ik}，则有

$$x'_{ik} = \frac{x_{ik} - \min\{x_{1k},\ x_{2k},\ \cdots,\ x_{31k}\}}{\max\{x_{1k},\ x_{2k},\ \cdots,\ x_{31k}\} - \min\{x_{1k},\ x_{2k},\ \cdots,\ x_{31k}\}}。$$

③ 计算信息熵。根据信息熵的定义，一组数据的信息熵为

$$E_k = -\frac{1}{\ln m}\sum_{i=1}^{m} p_{ik} \times \ln p_{ik},\ m=31。$$

其中，m 为省级行政区数量，$p_{ik} = x'_{ik} \Big/ \sum_{i=1}^{m} x'_{ik}$。

④ 确定各指标初步权重。根据信息熵计算公式，31 项指标的信息熵分别为 E_1，E_2，$\cdots$，E_{31}，则有

$$w_k = (1-E_k) \Big/ \sum_{i=1}^{m} (1-E_k)。$$

⑤ 综合指数评价。用调整后的最终权重 W_k 对所有指标进行加权处理，获得第 i 个省级行政区科技创新国际化水平的最终评价值 p_i：

$$p_i = \sum_{k=1}^{31} w_k \times x'_{ik}。$$

四、评价对象及数据来源

本报告研究和评价的对象为中国 31 个省级行政区（表 2-2）。为保证报告测算结果的说服力和可信度，本报告数据均来源于公开统计数据，以保证数据的连续性，有利于对标比较。相关数据主要来源于《中国统计年鉴》《中国科技统计年鉴》，以及国家、地区、城市政府公布的统计年鉴、统计公报等官方出版物。

表2-2　评价对象

序号	省级行政区	序号	省级行政区
1	北京	17	湖北
2	天津	18	湖南
3	河北	19	广东
4	山西	20	广西
5	内蒙古	21	海南
6	辽宁	22	重庆
7	吉林	23	四川
8	黑龙江	24	贵州
9	上海	25	云南
10	江苏	26	陕西
11	浙江	27	甘肃
12	安徽	28	青海
13	福建	29	宁夏
14	江西	30	新疆
15	山东	31	西藏
16	河南		

注：因港澳台相关数据统计口径不一致，故未参与评价。

中国科技创新国际化指数研究报告2023

第三章

中国科技创新

国际化评价结果

在中国科技创新国际化评价指标体系的基础上，本报告根据 2021 年的数据进行测算，最终得出中国科技创新国际化指数得分与排名。

一、总指数测算结果

中国省级行政区科技创新国际化总指数及排名如表 3-1 所示。

表3-1　中国省级行政区科技创新国际化总指数及排名

省级行政区	总指数		一级指标					
			国际创新合作基础		创新要素跨国流动		开放创新环境	
	得分	排名	得分	排名	得分	排名	得分	排名
北京	84.12	1	25.41	1	31.03	2	27.68	1
上海	78.03	2	20.12	5	31.16	1	26.75	2
江苏	74.37	3	23.28	2	28.90	3	22.19	6
广东	74.27	4	22.97	3	27.33	4	23.97	3
浙江	70.05	5	22.40	4	24.66	6	22.99	5
天津	65.01	6	18.36	7	23.22	10	23.44	4
湖北	64.49	7	18.02	8	26.54	5	19.93	16
山东	64.10	8	18.84	6	24.17	7	21.09	8
福建	61.44	9	17.04	13	22.63	13	21.77	7

省级行政区	总指数		一级指标					
			国际创新合作基础		创新要素跨国流动		开放创新环境	
	得分	排名	得分	排名	得分	排名	得分	排名
陕西	61.19	10	17.86	9	23.36	9	19.97	15
湖南	60.44	11	17.25	12	22.46	14	20.73	9
安徽	60.28	12	17.54	10	22.06	16	20.67	11
重庆	60.05	13	17.01	14	22.97	11	20.06	12
四川	59.79	14	17.26	11	22.80	12	19.73	17
辽宁	59.51	15	16.83	15	24.01	8	18.66	20
江西	58.65	16	16.60	18	21.37	18	20.68	10
吉林	58.29	17	16.48	20	22.45	15	19.35	18
河南	57.71	18	16.55	19	21.10	20	20.06	13
海南	57.21	19	15.54	30	21.64	17	20.03	14
河北	56.90	20	16.81	16	20.81	24	19.27	19
贵州	55.57	21	16.02	24	21.26	19	18.29	21
黑龙江	55.33	22	16.65	17	21.09	21	17.59	25
云南	54.91	23	15.78	26	21.07	22	18.06	24
广西	54.82	24	15.85	25	20.72	25	18.25	23
内蒙古	54.28	25	15.78	27	20.22	28	18.28	22
山西	53.98	26	16.09	23	20.40	27	17.49	26
宁夏	53.86	27	16.31	21	20.16	29	17.40	27
甘肃	53.44	28	16.23	22	20.41	26	16.80	28
新疆	53.18	29	15.59	29	20.94	23	16.65	29
青海	51.87	30	15.70	28	20.11	30	16.06	30
西藏	—	31	—	31	—	31	—	31

中国省级行政区科技创新国际化指数平均值为 60.90，中国科技创新国际化总指数排名前 10 位的省级行政区依次为北京、上海、江苏、广东、浙江、天津、湖北、山东、福建、陕西。其中，北京、上海、江苏、广东科技创新国际化总指数得分分别为 84.12、78.03、74.37、74.27。排名第 11～20 位的省级行政区依次为湖南、安徽、重庆、四川、辽宁、江西、吉林、河南、海南、河北。排名在第 20 位之后的省级行政区依次为贵州、黑龙江、云南、广西、内蒙古、山西、宁夏、甘肃、新疆、青海、西藏（表 3-1、图 3-1）。

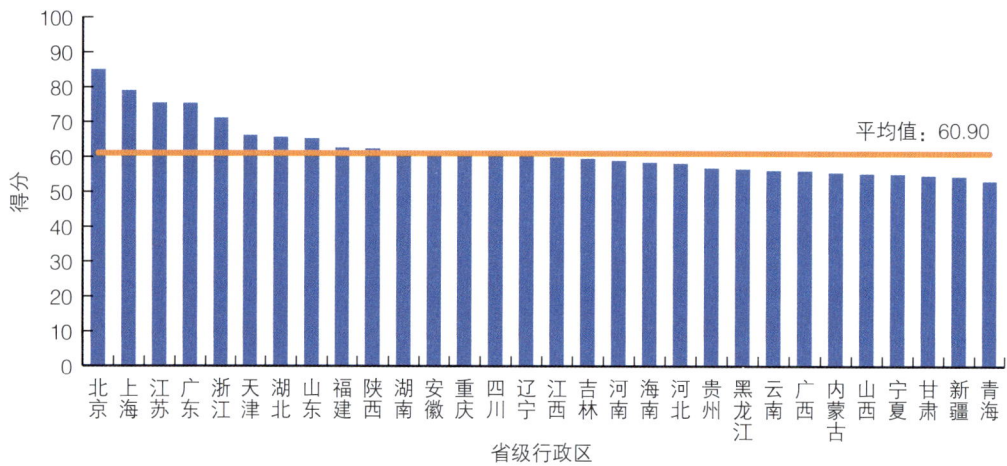

图3-1 中国省级行政区科技创新国际化总指数得分情况

本报告对中国科技创新国际化总指数排名进行可视化分析（图 3-2）。其中，"深蓝色"区域表示指数排名前 10 位的科技创新国际化水平较高地区；"次深蓝色"区域表示排名第 11～20 位的科技创新国际化水平中等地区；"浅蓝色"区域表示排名第 21～31 位的科技创新国际化水平较低地区；"灰色"区域表示数据缺失地区，包括香港、澳门、台湾 3 个省级行政区。地理分布图显示，"深蓝色"区域集中于东部地区和中西部部分地区，"次深蓝色"区域集中于中西部地区，"浅蓝色"区域则集中于东北地区、西北地区及西南地区。

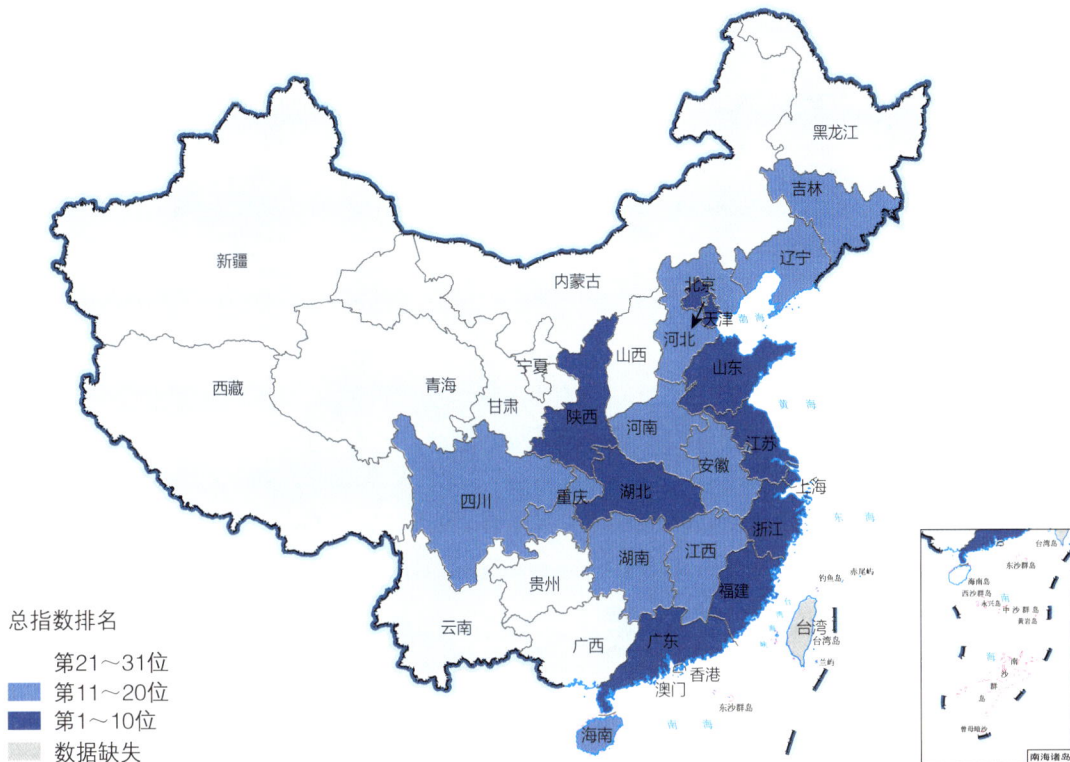

总指数排名

第21～31位
第11～20位
第1～10位
数据缺失

图3-2　中国省级行政区科技创新国际化总指数排名分布

二、测算结果分析

本报告将中国省级行政区按中国经济区域划分为东部地区、中部地区、西部地区及东北地区，以开展中国科技创新国际化指数测算结果的区域分析。

（一）空间格局分析

为直观分析中国科技创新国际化指数的空间格局，本报告绘制了中国省级行政区科技创新国际化总指数得分分布（图3-3）。由图3-3可知，中国科技创新国际化水平具有明显的空间分异特征，总体上以"胡焕庸线"为分界线，表现出东南高、西北低的空间分布格局，科技创新国际化发展水平较高的省级行政区多集中分布在东部沿海地区和长江经济带沿线区域。

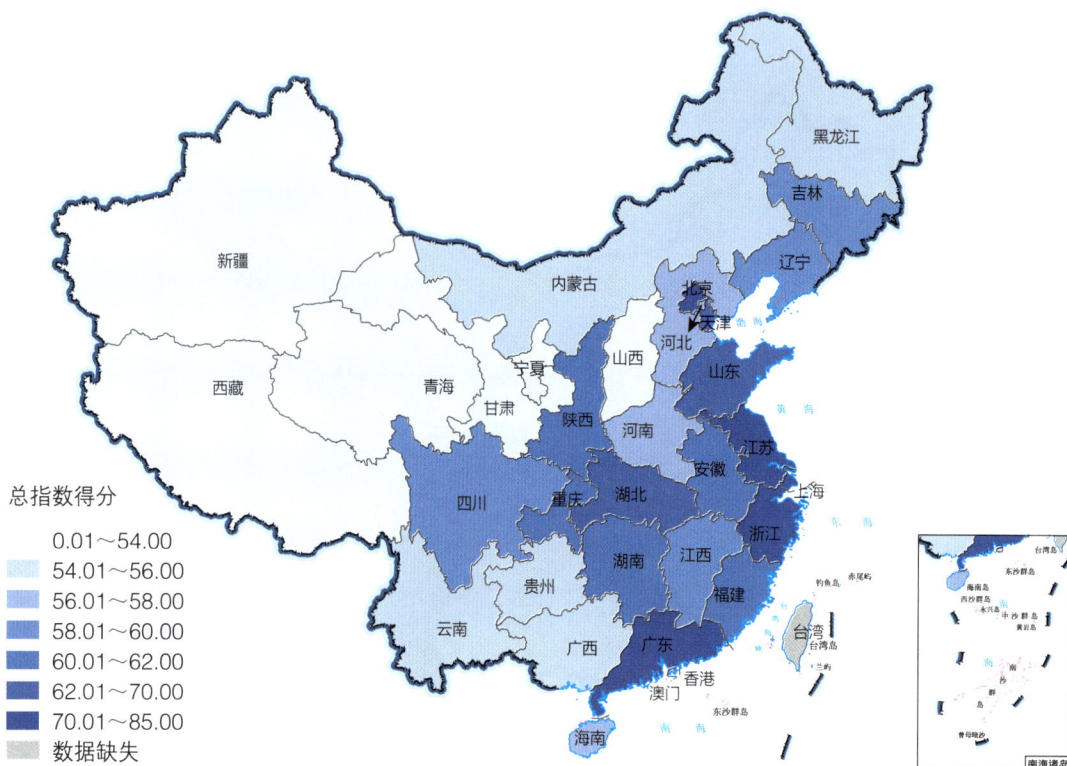

图3-3　中国省级行政区科技创新国际化总指数得分分布

　　为进一步研究中国科技创新国际化指数的空间集聚特征，本报告以中国省级行政区科技创新国际化总指数作为基本数据，按照总指数得分从大到小排序并对两组数据分别取对数，绘制成二维散点图并进行拟合，得到中国科技创新国际化指数位序－规模分布情况（图3-4）。其中，r 表示中国省级行政区科技创新国际化总指数得分的位序（$r=1$，2，$\cdots$，31）；$S（r）$ 表示位序为 r 的省级行政区的科技创新国际化总指数得分。由图3-4可见，大部分散点拟合在同一条直线上，拟合优度 $R^2=0.98$，拟合情况较好，结果较为可信。同时，齐夫参数（Zipf 参数）[①]$q=0.13$，q 值小于 1 且不接近 1，表明科技创新

---

① 齐夫参数（Zipf 参数）q 的大小用来衡量区域内各单元规模分布的均衡程度，公式为 $\ln S（r）=\ln S1 - q\ln r$。$q=1$ 或接近 1，表示区域内规模分布符合位序－规模的齐夫定律，可看作标准 Zipf 式，表明无标度区内各单元之间规模变差较为一致，分布的形态呈帕累托（Pareto）分布模式；$q>1$ 且不接近 1，表示区域内规模变差仍具有相对一致性，但变差程度有所扩大，规模分布的形态呈不规则帕累托分布模式；$0<q<1$ 且不接近 1，表示区域内各单元规模变差显示出不一致的特征，有变小的趋势，规模分布的形态呈对数正态分布（Log-Normal Distribution）模式。

国际化总指数不同的省级行政区有着分散分布的态势，且科技创新国际化指数分布差异较大，即少数高位序的省级行政区处于显著的领先地位，而中低位序的省级行政区数量较多且集聚效应明显，两者之间的科技创新国际化水平存在较大差距。

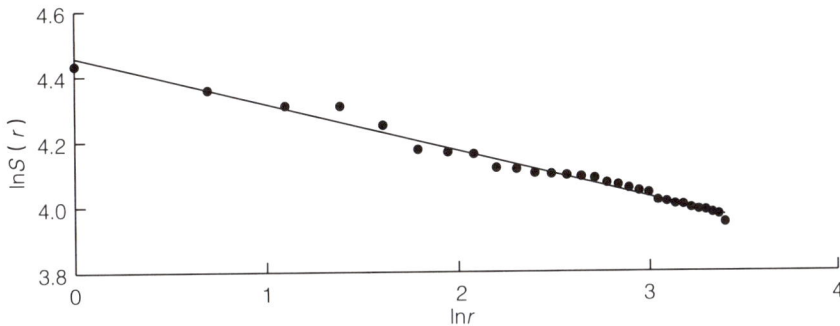

图3-4　中国科技创新国际化指数位序-规模分布情况

（二）区域间差异分析

基于测算的总指数得分，以及对国际创新合作基础、创新要素跨国流动和开放创新环境3项一级指标的分析，可以发现中国科技创新国际化总指数呈现明显的区域差异（图3-5）。

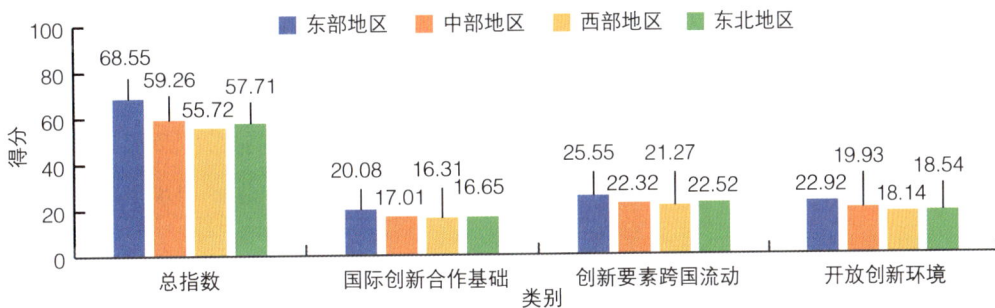

图3-5　中国四大地区总指数及一级指标得分情况

科技创新国际化总指数全国平均值为60.90，得分按东部地区、中部地区、东北地区、西部地区顺序呈现逐渐降低的分布特征。具体分析，东部地区科技创新国际化水平最高，明显领先于另外三大区域，在国际创新合作基础、创新要素跨国流动和开放创新环境3项一级指标上均具备明显优势。中部地区科技创新国际化水平表现相对较好，国际创新合作基础与开放创新环境指数相对较高，创新要素跨国流动指数具有提升空间。东北地区科技创新国际化总指数水平同中部地区差距较小，虽在国际创新合作基础及开放创新环境方面与中部地区存在一定差距，但在创新要素跨国流动方面表现较为突出。西部地区各项指标均落后于其他地区，科技创新国际化总指数得分最低，以上3个维度均需要进一步提升，尤其在国际创新合作基础和开放创新环境上要继续加速发展。

（三）区域内差异分析

东部地区的10个省级行政区中，有8个省级行政区的科技创新国际化水平高于全国平均值且排名均居前10位，其发展明显领先于其他地区。中部地区6个省级行政区中，仅湖北排名位于全国前10位，除山西外其余省级行政区均处于中等水平，区域分层差异特征明显。东北地区3个省级行政区的科技创新国际化水平均低于全国平均水平。西部地区12个省级行政区中，仅陕西居全国第10位且科技创新国际化水平高于全国平均水平；另外，重庆和四川的科技创新国际化总指数排名在全国处于中上等水平，其余省级行政区水平均较低，西部地区的科技创新国际化整体水平低且差距大（表3-2）。

表3-2 中国四大地区科技创新国际化总指数内部差异分析

区域	省级行政区	排名	区域	省级行政区	排名
东部	北京	1	西部	陕西	10
	上海	2		重庆	13
	江苏	3		四川	14
	广东	4		贵州	21
	浙江	5		云南	23
	天津	6		广西	24
	山东	8		内蒙古	25
	福建	9		宁夏	27
	海南	19		甘肃	28
	河北	20		新疆	29
中部	湖北	7		青海	30
	湖南	11		西藏	31
	安徽	12	东北	辽宁	15
	江西	16		吉林	17
	河南	18		黑龙江	22
	山西	26			

（四）排名变化分析

与2020年相比，中国科技创新国际化总指数排名变化幅度总体稳定（表3-3）。其中，9个省级行政区排名上升、9个省级行政区排名下降、13个省级行政区排名未发生变动。排名未发生变动的省级行政区主要集中在靠前及靠后位置，而排名发生变动的省级行政区主要集中在中段位置。北京、上海、江苏、广东、浙江5个省级行政区总指数排名均未发生变动，依然居前5位。排名变动最大的省级行政区是贵州，得益于创新要素跨国流动指标，尤其是资金要素的大幅进步，排名上升了5位；其后是四川，因其创新要素跨国流动及开放创新环境两项指标的退步，排名下降了4位；其余省级行政区变化幅度均较小。从总指数排名变化的区域分布来看，四大地区中，东部地区最为稳定，仅有天津、山东和河北3个省级行政区发生较小浮动；排名变化幅度最大的是西部地区，包括排名变化最大的贵州和其后的四川，区域内排名起伏程度变化最显著。

表3-3 中国四大地区科技创新国际化总指数排名变化差异分析

区域	省级行政区	排名			区域	省级行政区	排名		
		2021年	2020年	排名变动			2021年	2020年	排名变动
东部	北京	1	1	0	西部	陕西	10	11	↑1
	上海	2	2	0		重庆	13	15	↑2
	江苏	3	3	0		四川	14	10	↓4
	广东	4	4	0		贵州	21	26	↑5
	浙江	5	5	0		云南	23	23	0
	天津	6	7	↑1		广西	24	22	↓2
	山东	8	6	↓2		内蒙古	25	27	↑2
	福建	9	9	0		宁夏	27	24	↓3
	海南	19	19	0		甘肃	28	28	0
	河北	20	18	↓2		新疆	29	29	0
中部	湖北	7	8	↑1		青海	30	30	0
	湖南	11	13	↑2		西藏	31	31	0
	安徽	12	12	0	东北	辽宁	15	14	↓1
	江西	16	17	↑1		吉林	17	20	↑3
	河南	18	16	↓2		黑龙江	22	21	↓1
	山西	26	25	↓1					

中国科技创新国际化指数研究报告2023

中国科技创新 第四章

国际化分维度评价

一、国际创新合作基础

国际创新合作基础是推进科技创新国际化的重要基础，也是反映地方科技创新综合实力的重要内容。本报告通过测度科技创新实力、创新市场活跃度、创新合作载体 3 项二级指标及 12 项三级指标综合考察国际创新合作基础。

（一）一级指标得分排名与分析

1.得分排名概况

根据国际创新合作基础的测度体系和权重标准，中国省级行政区国际创新合作基础得分及排名如表 4-1 所示。

表4-1　中国省级行政区国际创新合作基础得分及排名

省级行政区	国际创新合作基础		二级指标					
			科技创新实力		创新市场活跃度		创新合作载体	
	得分	排名	得分	排名	得分	排名	得分	排名
北京	25.41	1	10.67	1	11.44	1	3.30	14
江苏	23.28	2	7.14	4	11.34	2	4.79	2
广东	22.97	3	6.92	6	10.48	4	5.57	1
浙江	22.40	4	7.08	5	10.95	3	4.37	3
上海	20.12	5	8.18	2	8.61	6	3.33	10
山东	18.84	6	6.49	9	8.76	5	3.59	4
天津	18.36	7	7.60	3	7.60	10	3.15	22

省级行政区	国际创新合作基础		二级指标					
			科技创新实力		创新市场活跃度		创新合作载体	
	得分	排名	得分	排名	得分	排名	得分	排名
湖北	18.02	8	6.46	10	8.10	7	3.46	6
陕西	17.86	9	6.52	7	8.07	8	3.27	15
安徽	17.54	10	6.51	8	7.57	12	3.46	5
四川	17.26	11	6.07	18	7.87	9	3.32	11
湖南	17.25	12	6.33	13	7.56	13	3.36	9
福建	17.04	13	6.41	11	7.32	17	3.32	12
重庆	17.01	14	6.33	12	7.30	18	3.38	8
辽宁	16.83	15	6.30	14	7.43	14	3.10	25
河北	16.81	16	6.02	20	7.58	11	3.21	19
黑龙江	16.65	17	6.24	15	7.36	15	3.06	29
江西	16.60	18	6.07	19	7.10	22	3.43	7
河南	16.55	19	5.98	21	7.33	16	3.24	17
吉林	16.48	20	6.14	17	7.23	19	3.11	24
宁夏	16.31	21	6.18	16	6.83	29	3.30	13
甘肃	16.23	22	5.92	22	7.10	23	3.21	20
山西	16.09	23	5.88	23	7.11	21	3.10	26
贵州	16.02	24	5.73	25	7.04	25	3.25	16
广西	15.85	25	5.60	28	7.11	20	3.14	23
云南	15.78	26	5.60	29	6.96	26	3.22	18
内蒙古	15.78	27	5.83	24	6.89	27	3.06	28
青海	15.70	28	5.68	26	6.86	28	3.16	21
新疆	15.59	29	5.55	30	7.05	24	3.00	30
海南	15.54	30	5.67	27	6.79	30	3.08	27
西藏	—	31	—	31	—	31	—	31

国际创新合作基础得分排名前10位的省级行政区依次为北京、江苏、广东、浙江、上海、山东、天津、湖北、陕西、安徽。排名第11~20位的省级行政区依次为四川、湖南、福建、重庆、辽宁、河北、黑龙江、江西、河南、吉林。排名在第20位之后的省级行政区依次为宁夏、甘肃、山西、贵州、广西、云南、内蒙古、青海、新疆、海南、西藏。中国省级行政区国际创新合作基础得分平均值为17.74,其中有9个省级行政区国际创新合作基础得分高于全国平均水平(图4-1、图4-2、图4-3)。

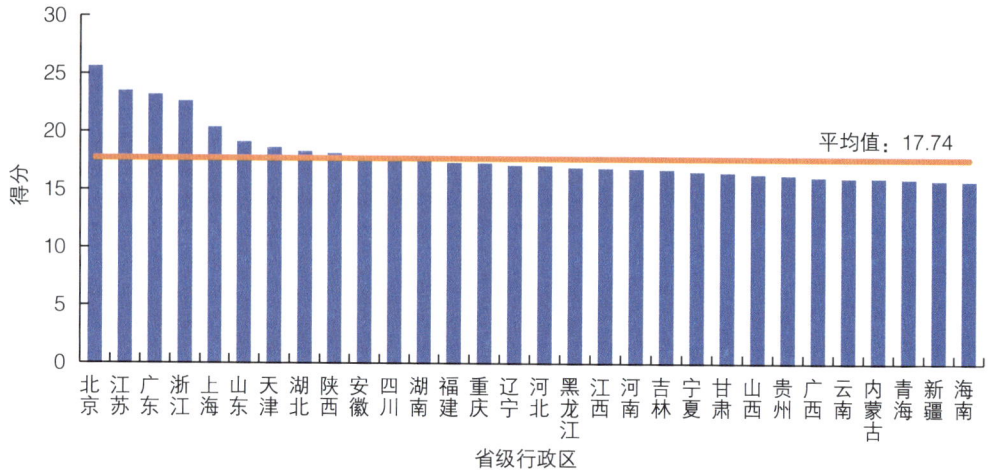

图4-1 中国省级行政区国际创新合作基础得分情况

图4-2 中国省级行政区国际创新合作基础指数排名分布

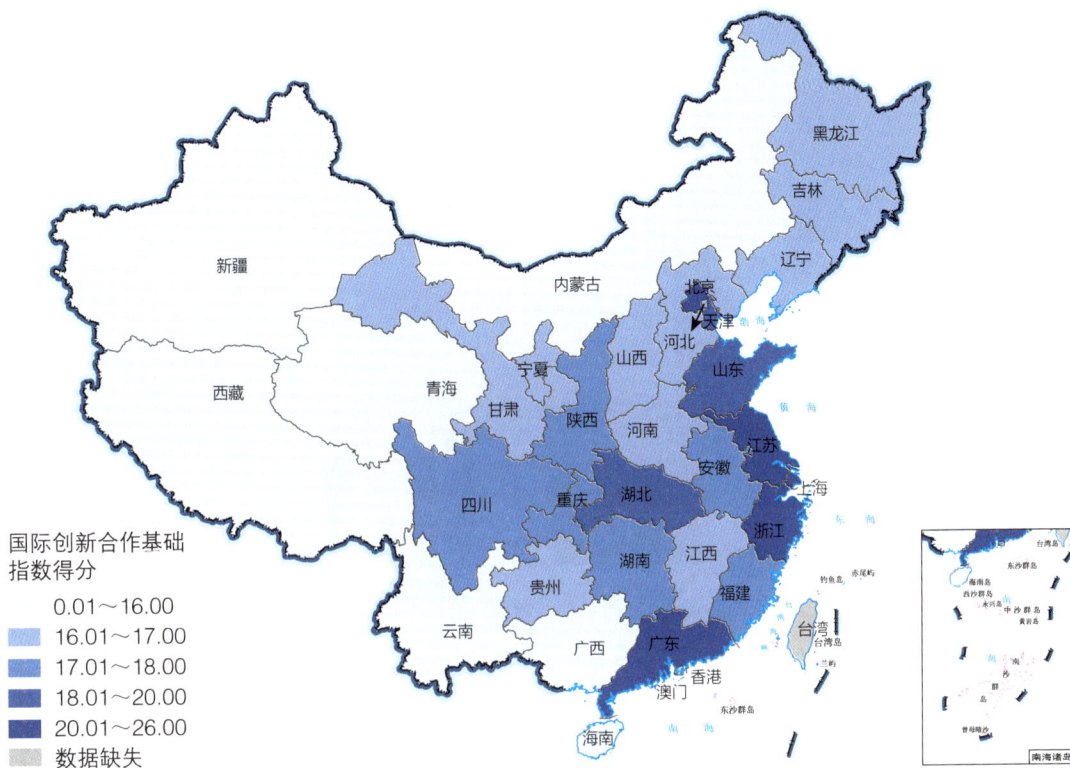

图4-3　中国省级行政区国际创新合作基础指数得分分布

2.区域差异分析

（1）区域间差异分析

对比分析国际创新合作基础得分及科技创新实力、创新市场活跃度和创新合作载体 3 项二级指标发现，国际创新合作基础得分呈现较明显的区域差异。四大地区国际创新合作基础得分大致呈阶梯状分布，东部地区国际创新合作基础水平最高，与中部地区、东北地区和西部地区具有较大差距，在科技创新实力、创新市场活跃度和创新合作载体 3 项二级指标上均具备显著的相对优势，国际创新合作基础得分排名靠前。中部、东北和西部三大地区内部差距不大，其中中部地区国际创新合作基础表现相对较好，创新市场活跃度与创新合作载体得分相对较高，科技创新实力具有提升空间；东北地区国际创新合作基础水平有待提高，科技创新实力及创新市场活跃度具有一定发展优势，创新合作载体有待继续发展；西部地区国际创新合作基础得分相对较低，创新合作载体具备一定发展基础，科技创新实力和创新市场活跃度都有较大提升空间（图 4-4）。

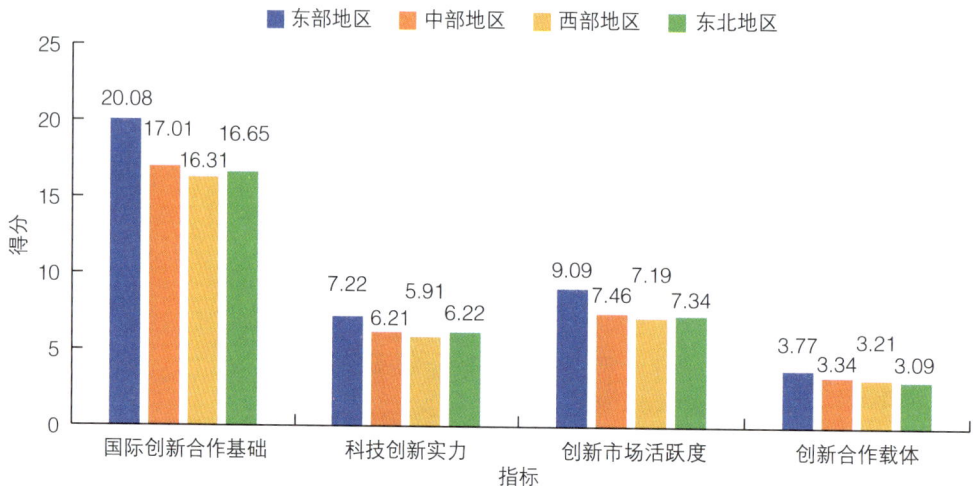

图4-4 四大地区国际创新合作基础及二级指标得分情况

（2）区域内差异分析

东部地区 10 个省级行政区中，除福建、河北和海南外，其余 7 个省级行政区排名均居全国前 10 位且国际创新合作基础得分高于全国平均值，区域内国际创新合作基础得分最高。中部地区 6 个省级行政区中，湖北和安徽排名居全国前 10 位且仅湖北国际创新合作基础得分高于全国平均值，其余省级行政区除湖南外均处于中下等水平，区域内国际创新合作基础的发展水平差距较大。东北地区 3 个省级行政区的国际创新合作基础均位于全国中等水平，具有较大的上升空间。西部地区 12 个省级行政区中，陕西排名居全国第 9 位且国际创新合作基础得分高于全国平均值，四川和重庆处于中等水平，其余省级行政区水平均较低，区域内整体发展水平较低且差距较大（表 4-2）。

表4-2　国际创新合作基础得分四大地区内部差异分析

区域	省级行政区	排名	区域	省级行政区	排名
东部	北京	1	西部	陕西	9
	江苏	2		四川	11
	广东	3		重庆	14
	浙江	4		宁夏	21
	上海	5		甘肃	22
	山东	6		贵州	24
	天津	7		广西	25
	福建	13		云南	26
	河北	16		内蒙古	27
	海南	30		青海	28
中部	湖北	8		新疆	29
	安徽	10		西藏	31
	湖南	12	东北	辽宁	15
	江西	18		吉林	20
	河南	19		黑龙江	17
	山西	23			

（3）排名变化分析

国际创新合作基础指数排名变化四大地区差异分析如表4-3所示。相比2020年，2021年省级行政区国际创新合作基础指数排名较上一年并未发生较大变化，仅有7个省级行政区排名发生变化，其中4个省级行政区排名上升、3个省级行政区排名下降。从国际创新合作基础指数排名变化的区域分布来看，四大地区中，中部地区最为稳定，各省级行政区排名未发生变化；东部地区和东北地区均仅有一个省级行政区排名发生变化；而西部地区排名发生变化的省级行政区数量最多。2021年，北京、江苏、广东、浙江、上海5个省级行政区国际创新合作基础指数排名均未发生变化，依然居前5位。排名变化最大的省级行政区是广西、河北与青海，分别上升2位、下降2位、下降2位，其余省级行政区变化幅度均较小。中部地区最为稳定，东部地区仅有河北排名发生变化，东北地区仅有辽宁排名较上年发生轻微变化。值得注意的是，北京凭借科技创新实力和创新市场活跃度两个二级指标的绝对优势，国际创新合作基础指数排名连续两年居第 1 位；江苏的创新市场活跃度、创新合作载体具有突出水平，国际创新合作基础指数排名仅次于北京，位居第 2；依托二级指标创新市场活跃度、创新合作载体的大幅进步，广西的国际创新合作基础指数排名实现较大上升。

表4-3　国际创新合作基础指数排名变化四大地区差异分析

区域	省级行政区	排名			区域	省级行政区	排名		
		2021 年	2020 年	排名变化			2021 年	2020 年	排名变化
东部	北京	1	1	0	西部	陕西	9	9	0
	江苏	2	2	0		四川	11	11	0
	广东	3	3	0		重庆	14	15	↑ 1
	浙江	4	4	0		宁夏	21	21	0
	上海	5	5	0		甘肃	22	22	0
	山东	6	6	0		贵州	24	24	0
	天津	7	7	0		广西	25	27	↑ 2
	福建	13	13	0		云南	26	25	↓ 1
	河北	16	14	↓ 2		内蒙古	27	28	↑ 1
	海南	30	30	0		青海	28	26	↓ 2
中部	湖北	8	8	0		新疆	29	29	0
	安徽	10	10	0		西藏	31	31	0
	湖南	12	12	0	东北	辽宁	15	16	↑ 1
	江西	18	18	0		吉林	20	20	0
	河南	19	19	0		黑龙江	17	17	0
	山西	23	23	0					

（二）二级指标得分排名与分析

1.科技创新实力

科技创新实力是开展各项创新活动的首要前提，是区域参与科技创新国际化的重要基石。本报告选取 R&D 人员全时当量占地区从业人员比例、全社会 R&D 投入强度、受高等教育人员占比、每万人发表科技论文数、每万名从业人员发明专利申请量、高技术产业新产品销售收入占主营业务比重共 6 项三级指标评价科技创新实力，测算结果如表 4-4 所示。

表4-4　中国省级行政区科技创新实力得分及排名

省级行政区	得分	排名	省级行政区	得分	排名
北京	10.67	1	吉林	6.14	17
上海	8.18	2	四川	6.07	18
天津	7.60	3	江西	6.07	19
江苏	7.14	4	河北	6.02	20
浙江	7.08	5	河南	5.98	21
广东	6.92	6	甘肃	5.92	22
陕西	6.52	7	山西	5.88	23
安徽	6.51	8	内蒙古	5.83	24
山东	6.49	9	贵州	5.73	25
湖北	6.46	10	青海	5.68	26
福建	6.41	11	海南	5.67	27
重庆	6.33	12	广西	5.60	28
湖南	6.33	13	云南	5.60	29
辽宁	6.30	14	新疆	5.55	30
黑龙江	6.24	15	西藏	—	31
宁夏	6.18	16			

科技创新实力得分排名前10位的省级行政区依次为北京、上海、天津、江苏、浙江、广东、陕西、安徽、山东、湖北。排名第11～20位的省级行政区依次为福建、重庆、湖南、辽宁、黑龙江、宁夏、吉林、四川、江西、河北。排名在第20位之后的省级行政区依次为河南、甘肃、山西、内蒙古、贵州、青海、海南、广西、云南、新疆、西藏。中国省级行政区科技创新实力得分平均值为6.44，有10个省级行政区科技创新实力高于全国平均水平（图4-5）。

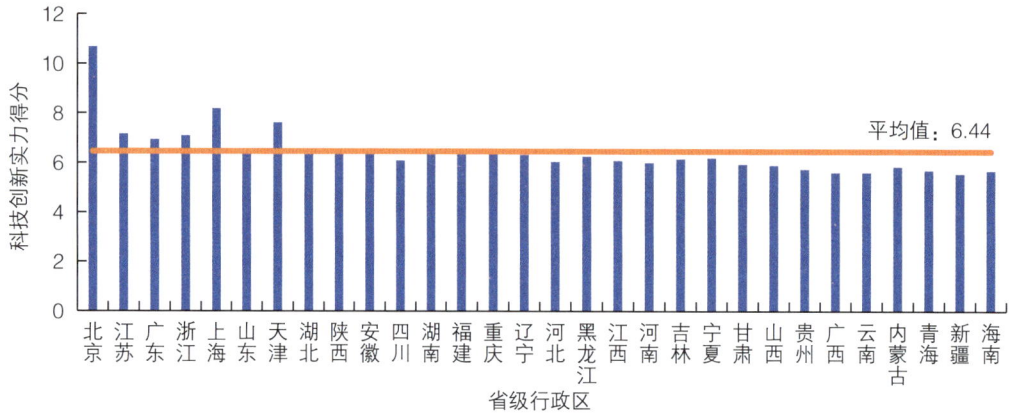

图4-5　中国省级行政区科技创新实力得分情况

根据四大地区科技创新实力得分测算结果，科技创新实力得分全国平均值为6.44。东部地区为科技创新实力得分最高区域，区域内部得分平均值为7.22，极差为5.00，内部差距相对较大；中部地区、西部地区和东北地区得分平均值分别为6.21、5.91、6.22，均低于全国平均水平，区域内部得分极差均低于1.00，内部差距相对较小（图4-6）。

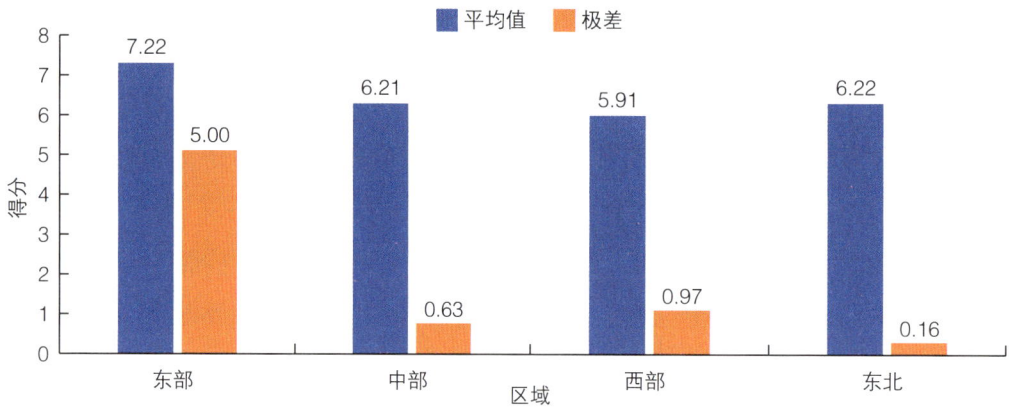

图4-6　中国四大地区科技创新实力得分平均值及极差分布

三级指标方面，中国省级行政区的R&D人员全时当量占地区从业人员比例平均为0.71%，全社会R&D投入强度平均为2.04%，受高等教育人员占比平均为19 126人／10万人（图4-7）。

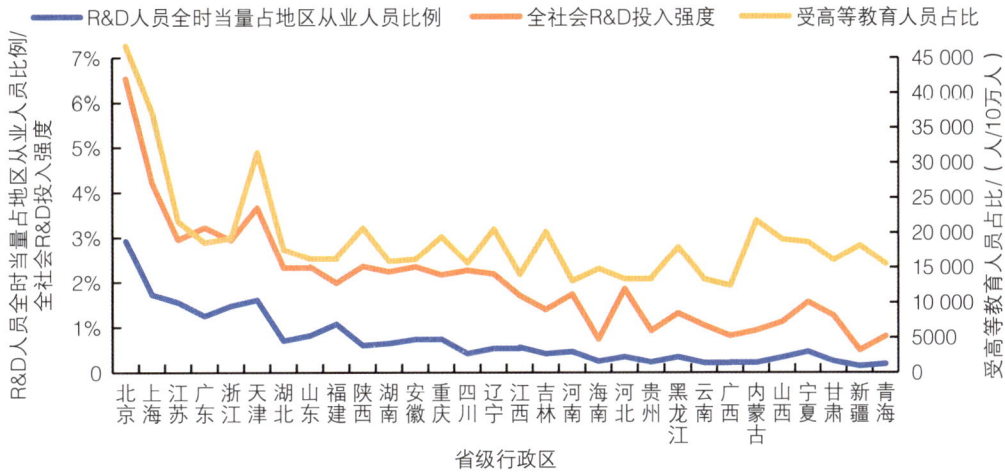

图4-7 R&D人员全时当量占地区从业人员比例、全社会R&D投入强度、受高等教育人员占比

2021 年,中国省级行政区的每万名从业人员发明专利申请量平均为 19.36 件,每万人发表科技论文数平均为 4.31 篇。其中,北京每万名从业人员发明专利申请量为 144.74 件,每万人发表科技论文数为 32.51 篇,居全国第 1 位,远高于其他省级行政区,占有绝对优势地位,产出成果数量约为第 2 位上海的 2 倍(图 4-8)。

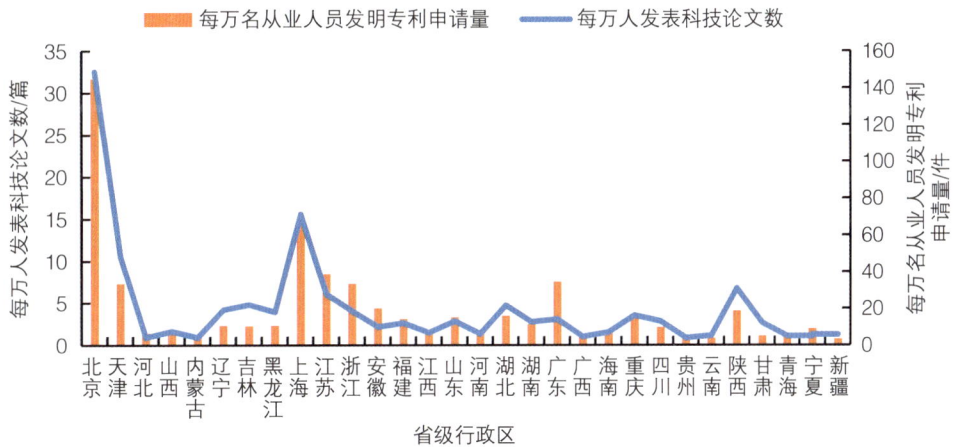

图4-8 每万人发表科技论文数、每万名从业人员发明专利申请量

2021 年，中国各省级行政区在高技术产业新产品销售收入占主营业务比重方面的表现具有显著差异，全国平均水平为 30.89%，其中，浙江、北京和安徽的高技术产业新产品销售收入占主营业务比重遥遥领先，分别达到了 53.99%、52.25% 和 51.38%，在全国范围内位居前 3，反映出这些省级行政区在高技术产业创新和市场应用方面具有强劲发展势头；而部分省级行政区在该指标上的表现并未展现出较大优势，与其产业结构、市场需求的差异有密切关系（图 4-9）。

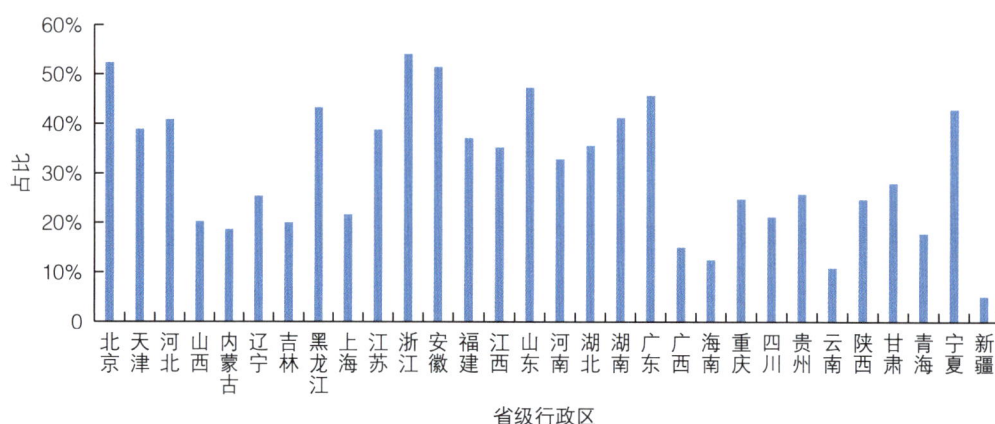

图4-9　高技术产业新产品销售收入占主营业务比重

2.创新市场活跃度

创新市场为促进创新资源有效配置、激发科技创新活力提供良好的制度环境，是在知识到产业转化中起着关键作用的中间市场。本报告使用创业投资机构数量、国家技术转移机构数量、科技企业孵化器数量、技术合同成交额 4 项三级指标测度创新市场活跃度。中国省级行政区创新市场活跃度得分及排名如表 4-5 所示。

表4-5　中国省级行政区创新市场活跃度得分及排名

省级行政区	得分	排名	省级行政区	得分	排名
北京	11.44	1	福建	7.32	17
江苏	11.34	2	重庆	7.30	18
浙江	10.95	3	吉林	7.23	19
广东	10.48	4	广西	7.11	20
山东	8.76	5	山西	7.11	21
上海	8.61	6	江西	7.10	22
湖北	8.10	7	甘肃	7.10	23
陕西	8.07	8	新疆	7.05	24
四川	7.87	9	贵州	7.04	25
天津	7.60	10	云南	6.96	26
河北	7.58	11	内蒙古	6.89	27
安徽	7.57	12	青海	6.86	28
湖南	7.56	13	宁夏	6.83	29
辽宁	7.43	14	海南	6.79	30
黑龙江	7.36	15	西藏	—	31
河南	7.33	16			

　　创新市场活跃度得分排名前10位的省级行政区依次为北京、江苏、浙江、广东、山东、上海、湖北、陕西、四川、天津。排名第11～20位的省级行政区依次为河北、安徽、湖南、辽宁、黑龙江、河南、福建、重庆、吉林、广西。排名在第20位之后的省级行政区依次为山西、江西、甘肃、新疆、贵州、云南、内蒙古、青海、宁夏、海南、西藏。中国省级行政区创新市场活跃度得分平均值为7.89，其中有8个省级行政区创新市场活跃度高于全国平均水平（图4-10）。

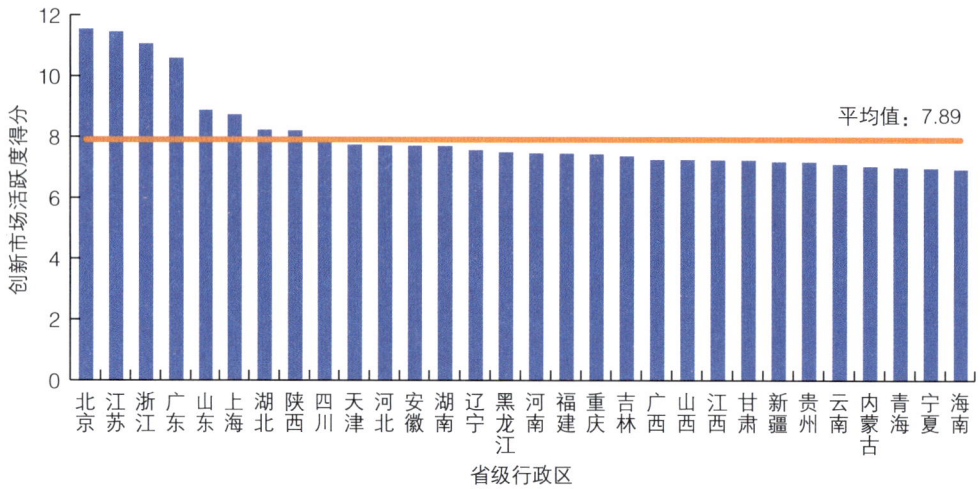

图4-10　中国省级行政区创新市场活跃度得分情况

根据四大地区创新市场活跃度得分测算结果，创新市场活跃度得分全国平均值为7.89。东部地区为创新市场活跃度得分最高区域，区域内部得分平均值为9.12，极差为4.65，内部差距相对较大；中部地区、西部地区和东北地区得分平均值分别为7.33、7.23和7.35，均低于全国平均水平，且区域内部得分极差远小于东部地区，表明它们内部差距相对较小（图4-11）。

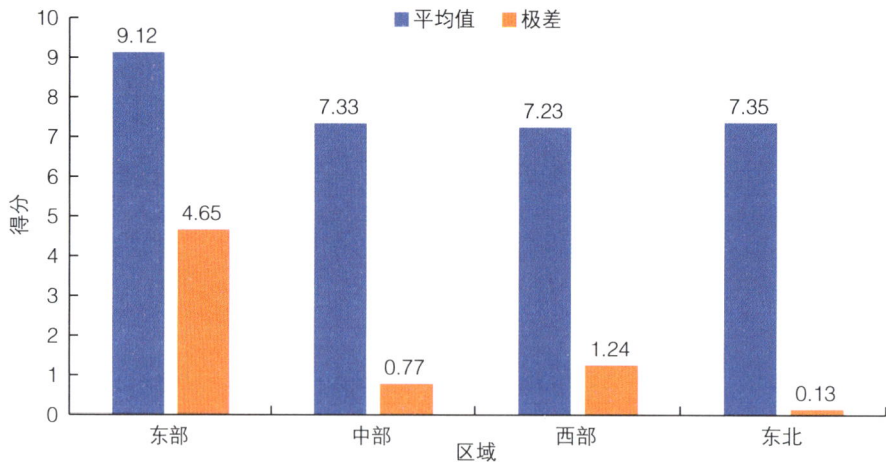

图4-11　中国四大地区创新市场活跃度得分平均值及极差分布

三级指标方面，中国省级行政区的创业投资机构数量平均为118.87家，浙江、江苏、北京3个省级行政区内分别有创业投资机构920家、628家、561家，居前3位，远超全国平均水平，在全国处于绝对优势地位；中国省级行政区的科技企业孵化器数量平均为 207.47 个，广东、江苏分别有科技企业孵化器 1078 个、1008 个，居前 2 位，其数量约是排名第 3 位的浙江的 2 倍；中国省级行政区的国家技术转移机构数量平均为 13.3 家，北京、江苏两个省级行政区内分别有国家技术转移机构 50 家、44 家，居前 2 位，但半数以上的省级行政区的国家技术转移机构数量还未达到两位数。北京、江苏在创业投资机构数量、国家技术转移机构数量与科技企业孵化器数量 3 项指标上的表现远超其他省级行政区，展现了两省政府与市场对营造良好创新环境、激发创新活力的共同支持（图 4-12）。

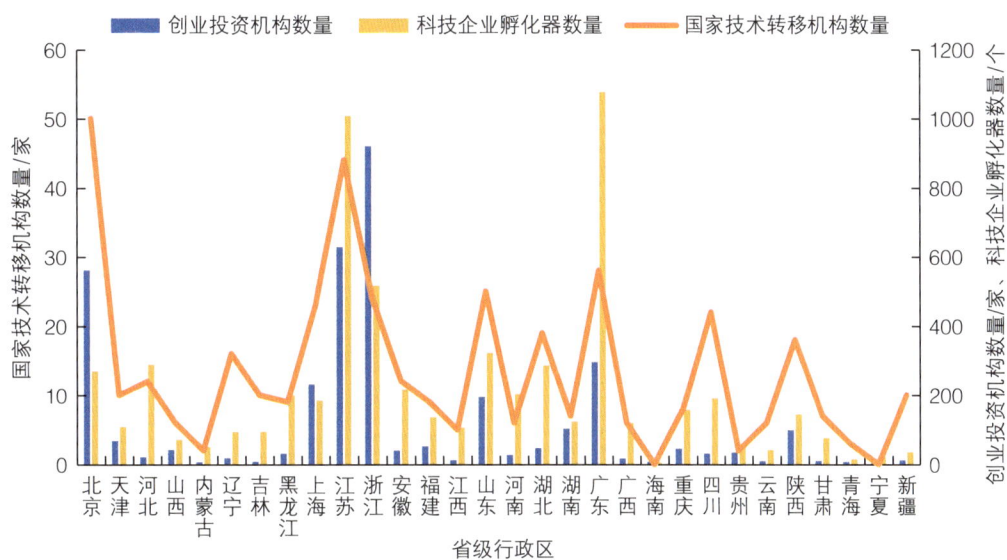

图4-12　创业投资机构数量、国家技术转移机构数量、科技企业孵化器数量

中国省级行政区的技术合同成交额平均为 941.70 亿元，技术合同成交额排名前 5 的省级行政区分别为北京、广东、江苏、山东、陕西，成交额分别为 6316.20 亿元、3465.90 亿元、2335.80 亿元、1953.90 亿元、1758.90 亿元（图 4-13）。

3.创新合作载体

创新合作载体是推动国际创新合作、延伸不同创新链的重要桥梁。本报告选取高技术产业外资企业办研发机构数量、规模（限额）以上企业中创新合作企业比例 2 项三级指标测算创新合作载体。中国省级行政区创新合作载体得分及排名如表 4-6 所示。

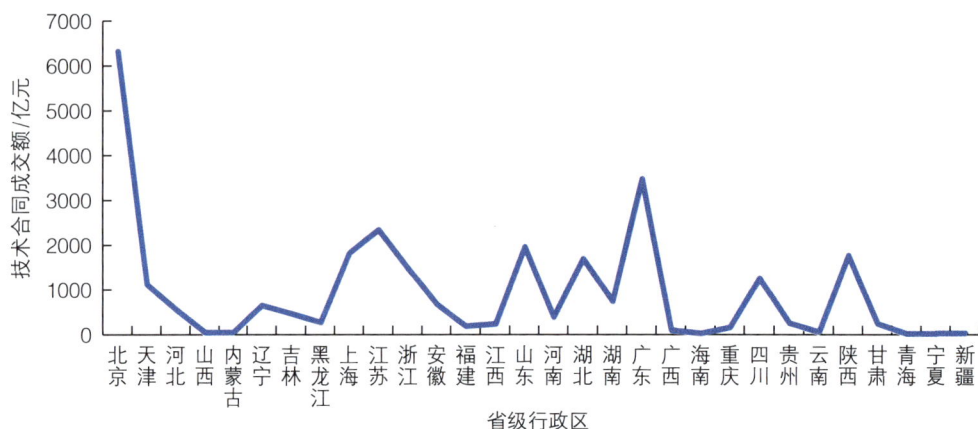

图4-13 技术合同成交额

表4-6 中国省级行政区创新合作载体得分及排名

省级行政区	得分	排名	省级行政区	得分	排名
广东	5.57	1	河南	3.24	17
江苏	4.79	2	云南	3.22	18
浙江	4.37	3	河北	3.21	19
山东	3.59	4	甘肃	3.21	20
安徽	3.46	5	青海	3.16	21
湖北	3.46	6	天津	3.15	22
江西	3.43	7	广西	3.14	23
重庆	3.38	8	吉林	3.11	24
湖南	3.36	9	辽宁	3.10	25
上海	3.33	10	山西	3.10	26
四川	3.32	11	海南	3.08	27
福建	3.32	12	内蒙古	3.06	28
宁夏	3.30	13	黑龙江	3.06	29
北京	3.30	14	新疆	3.00	30
陕西	3.27	15	西藏	—	31
贵州	3.25	16			

创新合作载体得分排名前10位的省级行政区依次为广东、江苏、浙江、山东、安徽、湖北、江西、重庆、湖南、上海。排名第11~20位的省级行政区依次为四川、福建、宁夏、北京、陕西、贵州、河南、云南、河北、甘肃。排名在第20位之后的省级行政区依次为青海、天津、广西、吉林、辽宁、山西、海南、内蒙古、黑龙江、新疆、西藏。中国省级行政区创新合作载体得分平均值为3.41，广东、江苏、浙江、山东、安徽、湖北和江西7个省级行政区的创新合作载体得分高于全国平均水平，其他省级行政区的创新合作载体得分低于全国平均水平（图4-14）。

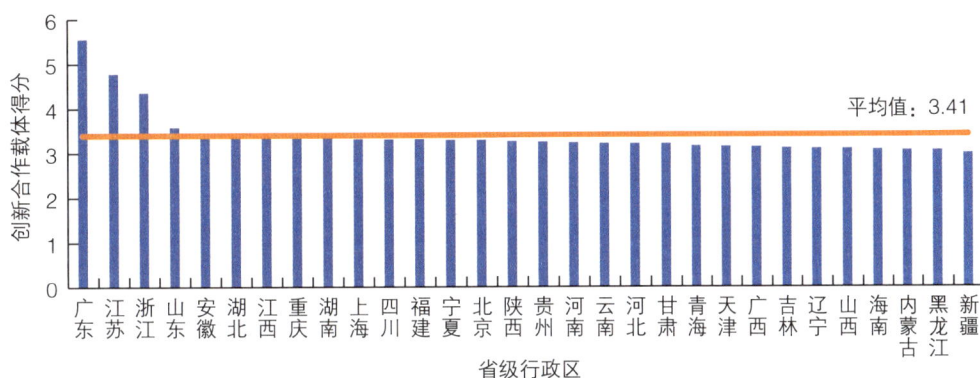

图4-14　中国省级行政区创新合作载体得分情况

根据四大地区创新合作载体指数测算结果，东部地区为创新合作载体得分最高区域，区域内部得分平均值为3.77，极差为2.49，内部差距相对较大；中部地区、西部地区和东北地区得分平均值分别为3.34、3.09、3.21，均低于全国平均水平，区域内部得分极差均低于1.00，内部差距相对较小（图4-15）。

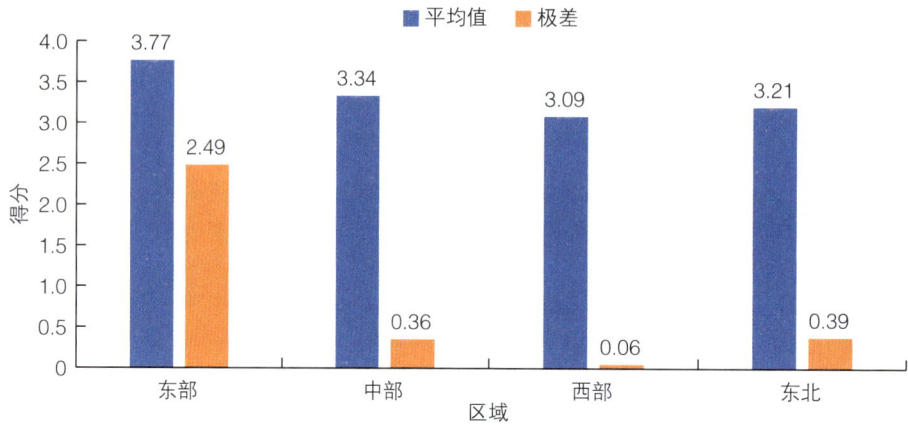

图4-15　中国四大地区创新合作载体得分平均值及极差分布

三级指标方面，中国省级行政区的高技术产业外资企业办研发机构数量平均为53.5家，广东有高技术产业外资企业办研发机构560家，居全国第1位，其后为江苏、浙江，分别有高技术产业外资企业办研发机构371家、240家，广东、江苏、浙江三省高技术产业外资企业办研发机构数量远超平均水平，在全国范围内具有较大优势（图4-16）。

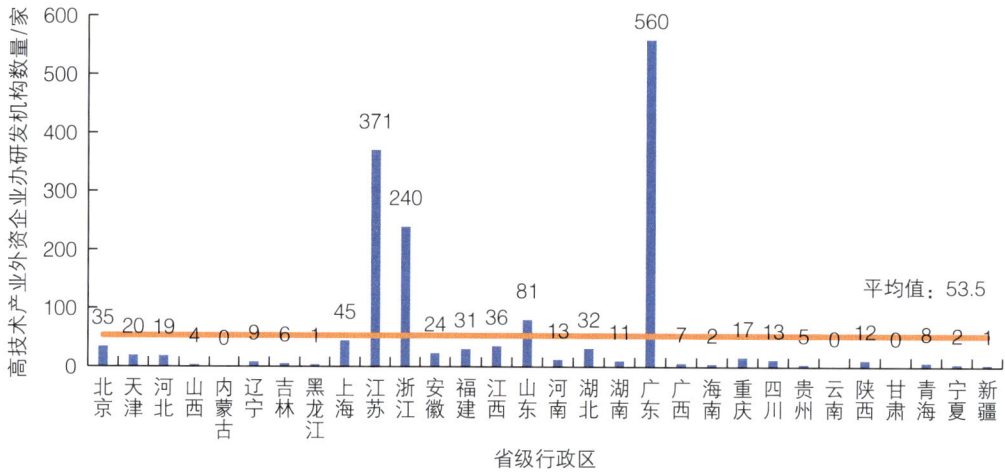

图4-16　高技术产业外资企业办研发机构数量

规模（限额）以上企业中创新合作企业比例平均为25.47%，中国省级行政区的规模（限额）以上企业中创新合作企业比例在15.41%～35.08%，其中，浙江、安徽、湖北、重庆、湖南、宁夏、江西、四川、江苏、广东、山东、贵州、云南、陕西、甘肃 15 个省级行政区规模（限额）以上企业中创新合作企业比例达到平均值（图 4-17）。

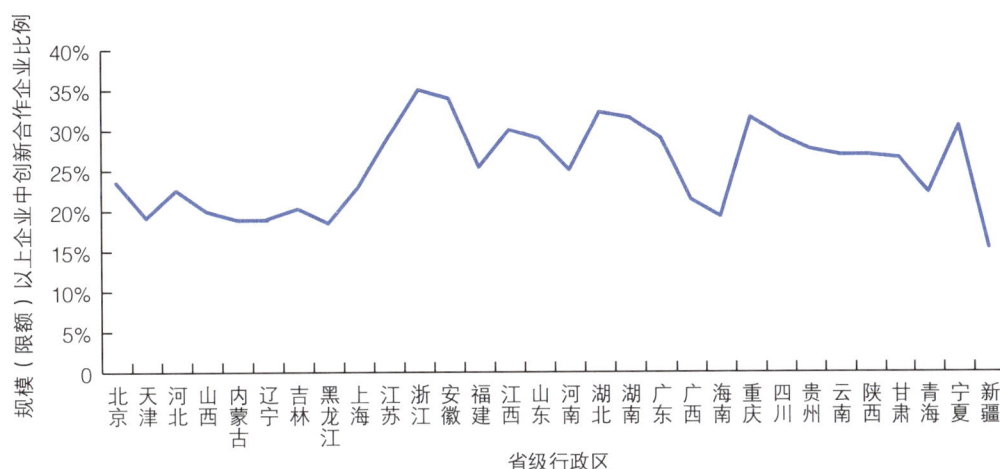

图4-17 规模（限额）以上企业中创新合作企业比例

二、创新要素跨国流动

推动创新要素跨国流动，有助于全球创新资源的整合与优化配置，促进技术研发和市场拓展，提升全球创新的速度和广度，提高各省级行政区的国际科技创新竞争力。本报告通过测度人才要素、资金要素、知识要素、技术要素 4 项二级指标及 11 项三级指标考察创新要素跨国流动情况。

（一）一级指标得分排名与分析

1. 得分排名概况

根据创新要素跨国流动的测度体系和权重标准，中国省级行政区创新要素跨国流动得分及排名如表 4-7 所示。

表4-7　中国省级行政区创新要素跨国流动得分及排名

省级行政区	创新要素 跨国流动		二级指标							
			人才要素		资金要素		知识要素		技术要素	
	得分	排名	得分	排名	得分	排名	得分	排名	得分	排名
上海	31.16	1	8.71	1	8.80	1	4.69	3	8.96	3
北京	31.03	2	7.90	2	6.75	7	6.17	1	10.21	2
江苏	28.90	3	7.07	3	8.35	2	4.61	4	8.86	5
广东	27.33	4	6.27	4	7.27	3	4.85	2	8.93	4
湖北	26.54	5	5.84	6	6.11	13	4.04	5	10.55	1
浙江	24.66	6	6.16	5	6.77	6	3.98	7	7.74	11
山东	24.17	7	5.45	12	6.39	9	4.01	6	8.31	6
辽宁	24.01	8	5.62	8	6.46	8	3.65	15	8.29	7
陕西	23.36	9	5.63	7	5.88	18	3.89	9	7.97	8
天津	23.22	10	5.19	14	7.06	4	3.60	16	7.37	13
重庆	22.97	11	5.14	15	6.91	5	3.49	17	7.42	12
四川	22.80	12	5.49	9	5.78	21	3.75	11	7.78	10
福建	22.63	13	5.45	11	6.30	11	3.72	13	7.15	16
湖南	22.46	14	5.07	16	5.82	19	3.76	10	7.81	9
吉林	22.45	15	5.46	10	5.98	15	3.66	14	7.35	14
安徽	22.06	16	4.90	19	6.11	12	3.75	12	7.30	15
海南	21.64	17	5.00	18	5.74	22	3.94	8	6.96	20
江西	21.37	18	5.36	13	5.80	20	3.26	23	6.95	21
贵州	21.26	19	4.66	25	6.39	10	3.19	27	7.03	18
河南	21.10	20	5.05	17	5.72	25	3.39	19	6.94	22
黑龙江	21.09	21	4.72	24	5.95	16	3.45	18	6.97	19
云南	21.07	22	4.83	22	6.05	14	3.26	22	6.93	24
新疆	20.94	23	4.90	20	5.91	17	3.20	26	6.94	23
河北	20.81	24	4.76	23	5.67	26	3.35	20	7.03	17
广西	20.72	25	4.84	21	5.72	23	3.25	24	6.91	26
甘肃	20.41	26	4.55	28	5.72	24	3.24	25	6.90	28
山西	20.40	27	4.58	26	5.65	27	3.26	21	6.90	27
内蒙古	20.22	28	4.58	27	5.57	30	3.16	28	6.91	25

省级行政区	创新要素跨国流动		二级指标							
			人才要素		资金要素		知识要素		技术要素	
	得分	排名	得分	排名	得分	排名	得分	排名	得分	排名
宁夏	20.16	29	4.54	29	5.59	29	3.12	29	6.90	29
青海	20.11	30	4.48	30	5.64	28	3.09	30	6.90	30
西藏	—	31	—	31	—	31	—	31	—	31

创新要素跨国流动指数排名前 10 位的省级行政区依次为上海、北京、江苏、广东、湖北、浙江、山东、辽宁、陕西、天津。排名第 11～20 位的省级行政区依次为重庆、四川、福建、湖南、吉林、安徽、海南、江西、贵州、河南。排名在第 20 位之后的省级行政区依次为黑龙江、云南、新疆、河北、广西、甘肃、山西、内蒙古、宁夏、青海、西藏。中国省级行政区创新要素跨国流动指数平均值为 23.03,有 10 个省级行政区创新要素跨国流动指数高于全国平均水平(图 4-18)。值得关注的是,陕西人才要素和资金要素较 2020 年排名分别上升 7 位和 5 位,推动其创新要素跨国流动排名较 2020 年上升 3 位,成功排进全国前 10 位(图 4-18、图 4-19、图 4-20)。

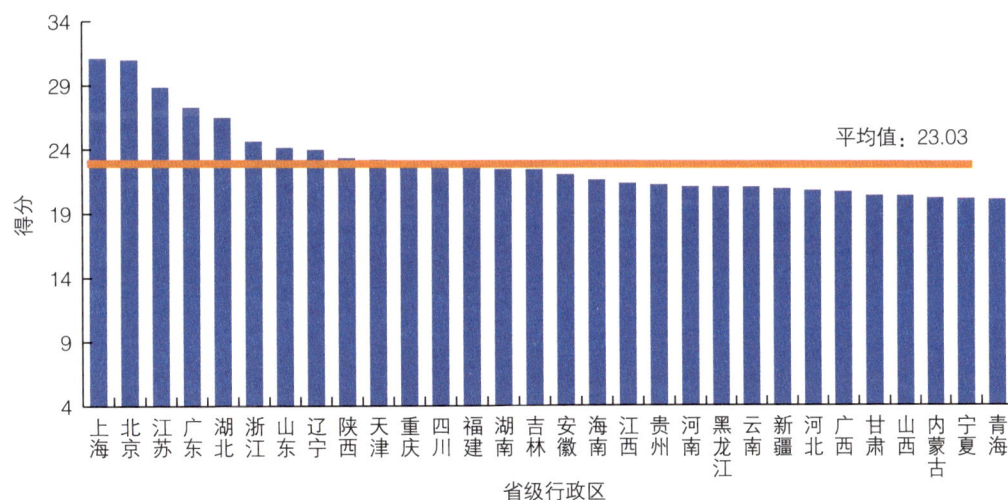

图4-18　中国省级行政区创新要素跨国流动得分情况

创新要素跨国流动指数排名

第21～31位
第11～20位
第1～10位
数据缺失

图4-19　中国省级行政区创新要素跨国流动指数排名分布

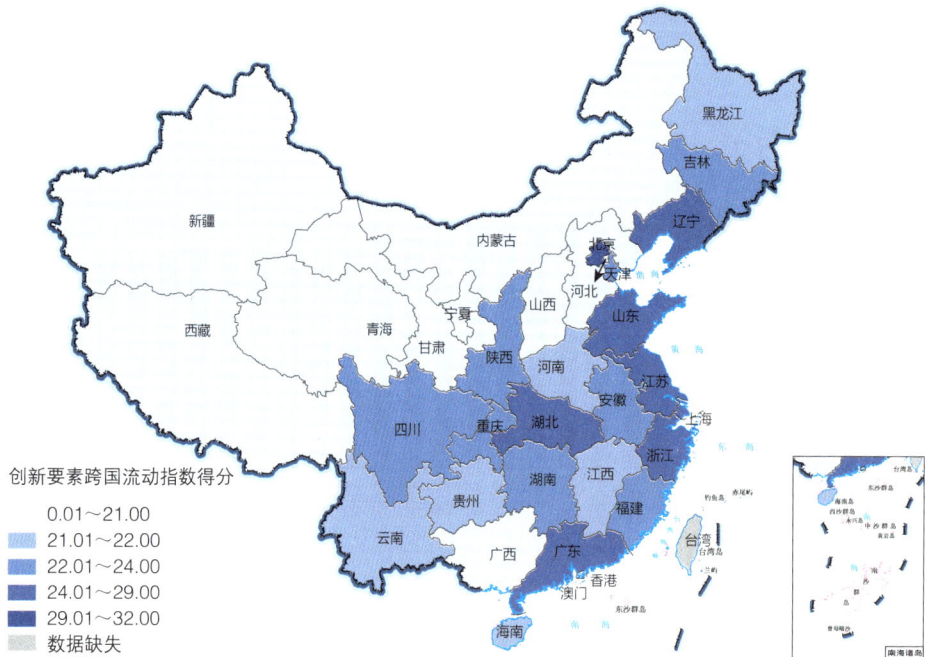

创新要素跨国流动指数得分

0.01～21.00
21.01～22.00
22.01～24.00
24.01～29.00
29.01～32.00
数据缺失

图4-20　中国省级行政区创新要素跨国流动指数得分分布

2.区域差异分析

（1）区域间差异分析

对比分析创新要素跨国流动得分及人才要素、资金要素、知识要素和技术要素4项二级指标发现，创新要素跨国流动得分呈现较明显的区域差异。东部地区创新要素跨国流动水平最高，在人才要素、资金要素、知识要素和技术要素4项二级指标上均具有相对优势，因此创新要素跨国流动得分排名靠前；东北地区创新要素跨国流动表现相对较好，资金要素、人才要素和知识要素跨国流动水平在四大区域中均位居第二，技术要素跨国流动水平有待提升；中部地区创新要素跨国流动水平有待进一步提高，知识要素和技术要素跨国流动水平相对较高；西部地区创新要素跨国流动得分相对较低，人才要素、资金要素、知识要素和技术要素的跨国流动水平都有较大提升空间（图4-21）。

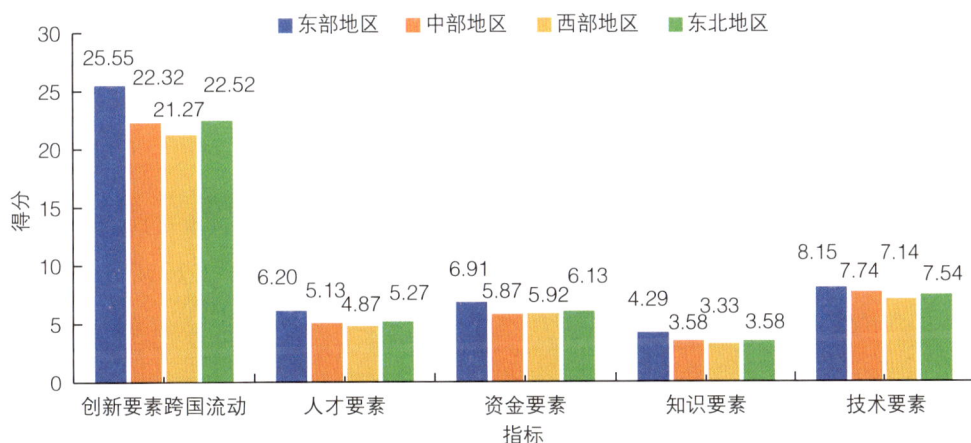

图4-21 四大地区创新要素跨国流动及二级指标得分情况

（2）区域内差异分析

东部地区，除福建、海南、河北以外，其余7个省级行政区排名均居全国前10位，且其创新要素跨国流动水平均高于全国平均水平（表4-8）。中部地区，湖北创新要素跨国流动得分排全国第5位，处于全国领先水平，其他省级行政区排名都位于全国中游或下游水平；除湖北外的5个省级行政区创新要素跨国流动水平均低于全国平均水平。西部地区，陕西居全国前10位，重庆、四川、贵州分别为第11位、第12位、第19位，其余省级行政区均在第20位之后，创新要素跨国流动水平位于全国下游；

除陕西外的其他省级行政区创新要素跨国流动水平均低于全国平均水平。东北地区，辽宁居全国第 8 位，吉林、黑龙江的创新要素跨国流动水平均低于全国平均水平，分别为第 15 位、第 21 位。总体来说，受各地区经济发展水平、地理位置、政策导向及国际合作程度等多种因素的影响，东部、中部、西部、东北 4 个地区在创新要素跨国流动程度上存在显著区别。

表4-8　创新要素跨国流动得分四大地区内部差异分析

区域	省级行政区	排名	区域	省级行政区	排名
东部	上海	1	西部	陕西	9
	北京	2		重庆	11
	江苏	3		四川	12
	广东	4		贵州	19
	浙江	6		云南	22
	山东	7		新疆	23
	天津	10		广西	25
	福建	13		甘肃	26
	海南	17		内蒙古	28
	河北	24		宁夏	29
中部	湖北	5		青海	30
	湖南	14		西藏	31
	安徽	16	东北	吉林	15
	江西	18		辽宁	8
	河南	20		黑龙江	21
	山西	27			

（3）排名变化分析

创新要素跨国流动指数排名变化四大地区差异如表 4-9 所示。相比 2020 年，2021 年大部分省级行政区创新要素跨国流动指数排名有变化，其中 10 个省级行政区排名上升、13 个省级行政区排名下降。从创新要素跨国流动指数排名变化的区域分布来看，四大地区中，东部地区创新要素跨国流动指数的排名最为稳定，多数省级行政区排名变化幅度在 0 ~ 2 位，而中部和西部地区创新要素跨国流动指数排名变动较大。其中，2021 年上海和北京的排名位次与上年相互对换，但它们仍处于全国前 2 位；江苏、广东、浙江 3 个省级行政区创新要素跨国流动指数排名均未发生变化，分别居第 3、第 4、第 6 位；排名上升幅度较大的省级行政区有贵州和海南。贵州由于资金要素与技术要素的逐步改善，创新要素跨国流动指数排名上升 7 位，居全国第 19 位。海南得益于人才要素和资金要素的明显进步，创新要素跨国流动指数排名上升 6 位，居全国第 17 位。此外，河南由于资金要素排名大幅下降，导致创新要素跨国流动指数排名从全国第 12 位下降到第 20 位。

表4-9　创新要素跨国流动指数排名变化四大地区差异分析

区域	省级行政区	排名			区域	省级行政区	排名		
		2021 年	2020 年	排名变化			2021 年	2020 年	排名变化
东部	上海	1	2	↑ 1	西部	陕西	9	13	↑ 4
	北京	2	1	↓ 1		重庆	11	14	↑ 3
	江苏	3	3	0		四川	12	10	↓ 2
	广东	4	4	0		贵州	19	26	↑ 7
	浙江	6	6	0		云南	22	24	↑ 2
	山东	7	5	↓ 2		新疆	23	22	↓ 1
	天津	10	8	↓ 2		广西	25	21	↓ 4
	福建	13	11	↓ 2		甘肃	26	25	↓ 1
	海南	17	23	↑ 6		内蒙古	28	29	↑ 1
	河北	24	20	↓ 4		宁夏	29	28	↓ 1
中部	湖北	5	9	↑ 4		青海	30	30	0
	湖南	14	18	↑ 4		西藏	31	31	0
	安徽	16	16	0	东北	吉林	15	15	0
	江西	18	19	↑ 1		辽宁	8	7	↓ 1
	河南	20	12	↓ 8		黑龙江	21	17	↓ 4
	山西	27	27	0					

（二）二级指标得分排名与分析

1.人才要素

在科技创新与合作交流过程中，人才流动是最具活力的基础环节。本报告选取高新技术企业留学归国人员数量占年末从业人员总数比例、高新技术企业外籍常驻人员数量占年末从业人员总数比例、高校教育机构外籍教师 3 项三级指标测算人才要素。中国省级行政区人才要素得分及排名如表 4-10 所示。

表4-10　中国省级行政区人才要素得分及排名

省级行政区	得分	排名	省级行政区	得分	排名
上海	8.71	1	河南	5.05	17
北京	7.90	2	海南	5.00	18
江苏	7.07	3	安徽	4.90	19
广东	6.27	4	新疆	4.90	20
浙江	6.16	5	广西	4.84	21
湖北	5.84	6	云南	4.83	22
陕西	5.63	7	河北	4.76	23
辽宁	5.62	8	黑龙江	4.72	24
四川	5.49	9	贵州	4.66	25
吉林	5.46	10	山西	4.58	26
福建	5.45	11	内蒙古	4.58	27
山东	5.45	12	甘肃	4.55	28
江西	5.36	13	宁夏	4.54	29
天津	5.19	14	青海	4.48	30
重庆	5.14	15	西藏	—	31
湖南	5.07	16			

人才要素得分排名前 10 位的省级行政区依次为上海、北京、江苏、广东、浙江、湖北、陕西、辽宁、四川、吉林。排名第 11～20 位的省级行政区依次为福建、山东、江西、天津、重庆、湖南、河南、海南、安徽、新疆。排名在第 20 位之后的省级行政区依次为广西、云南、河北、黑龙江、贵州、山西、内蒙古、甘肃、宁夏、青海、西藏。中国省级行政区人才要素得分平均值为 5.41，排名在前 12 位的省级行政区人才要素得分高于全国平均值（图 4-22）。

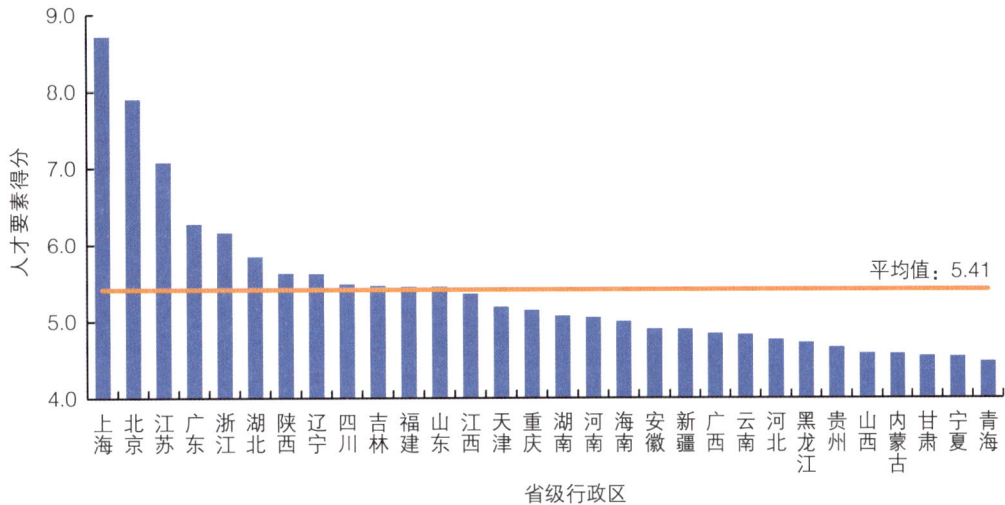

图4-22 中国省级行政区人才要素得分情况

根据四大地区人才要素得分测算结果，东部地区为人才要素得分最高区域，平均得分为 6.21，区域内部得分极差为 3.95，内部差距较上一年的 3.24 有所增大，这说明东部地区各省级行政区人才要素发展的差距在不断拉大。中部地区和西部地区得分低于全国平均水平，区域内部得分极差均低于 1.50，内部差距相对较小。中部地区和西部地区在促进人才流动方面还有很大的进步空间，区域内部需要不断强化人才要素流动合作，协同推进地区内人才要素有序流动（图4-23）。

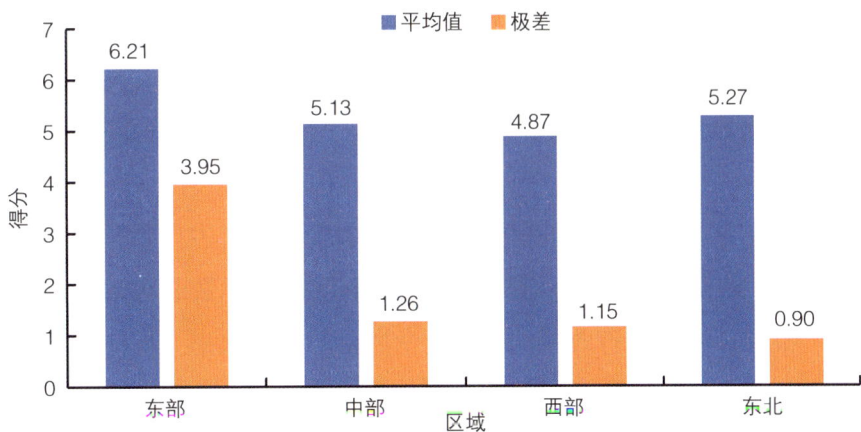

图4-23 中国四大地区人才要素得分平均值及极差分布

　　三级指标方面，高校教育机构外籍教师人数平均为 584.93 人，高新技术企业留学归国人员数量占年末从业人员总数比例平均为 0.32%，高新技术企业外籍常驻人员数量占年末从业人员总数比例平均为 0.07%（图 4-24）。

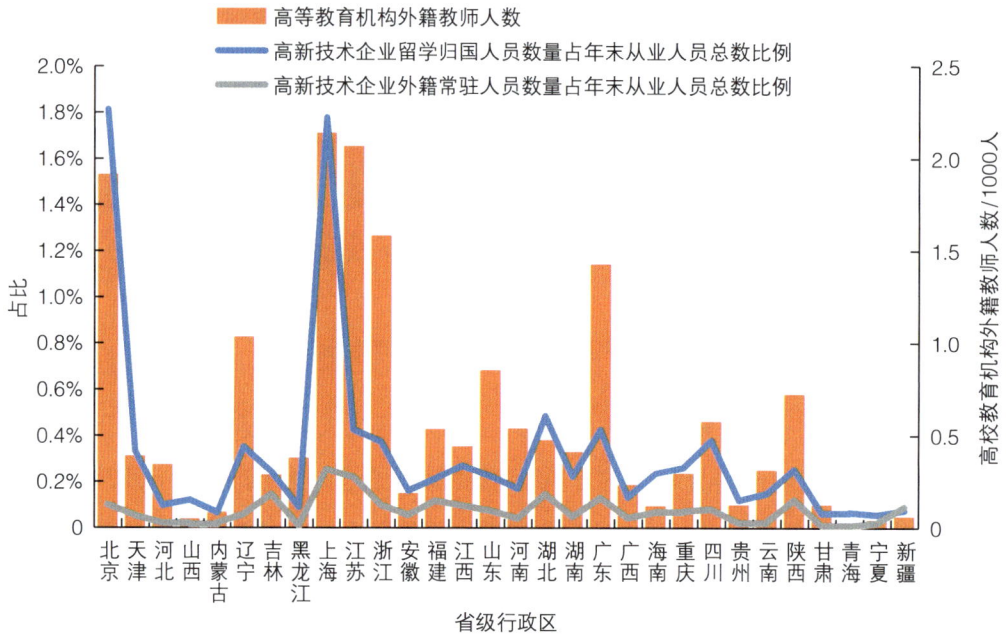

图4-24　高新技术企业留学归国人员数量占年末从业人员总数比例、高新技术企业外籍
常驻人员数量占年末从业人员总数比例、高校教育机构外籍教师人数

　　高校教育机构外籍教师人数方面，各地参与情况差异较大，位居前三的地区为上海、江苏、北京，参与人数分别为 2131 人次、2060 人次、1908 人次。高新技术企业留学归国人员数量占年末从业人员总数比例方面，北京、上海作为高素质人才的重要集聚地，分别以 1.81%、1.77% 位居前二，远超其他省级行政区。高新技术企业外籍常驻人员数量占年末从业人员总数比例方面，各省级行政区占比差异较小，上海、江苏分别以 0.25%、0.21% 位居前二，其余省级行政区该项指标数值均低于 0.20%。显然，上海、江苏、北京 3 个省级行政区在高校教学质量与科研水平、科技创新开放程度和包容性、教育教学国际化等方面的优势突出。

2.资金要素

资金要素是科技创新活动开展的重要支撑因素。本报告选取国外资金占R&D经费内部支出比例、对境外机构支出占R&D经费外部支出比例、外商投资高技术企业经费3项三级指标测算资金要素。中国省级行政区资金要素得分及排名如表4-11所示。

表4-11　中国省级行政区资金要素得分及排名

省级行政区	得分	排名	省级行政区	得分	排名
上海	8.80	1	新疆	5.91	17
江苏	8.35	2	陕西	5.88	18
广东	7.27	3	湖南	5.82	19
天津	7.06	4	江西	5.80	20
重庆	6.91	5	四川	5.78	21
浙江	6.77	6	海南	5.74	22
北京	6.75	7	广西	5.72	23
辽宁	6.46	8	甘肃	5.72	24
山东	6.39	9	河南	5.72	25
贵州	6.39	10	河北	5.67	26
福建	6.30	11	山西	5.65	27
安徽	6.11	12	青海	5.64	28
湖北	6.11	13	宁夏	5.59	29
云南	6.05	14	内蒙古	5.57	30
吉林	5.98	15	西藏	—	31
黑龙江	5.95	16			

资金要素得分排名前10位的省级行政区依次为上海、江苏、广东、天津、重庆、浙江、北京、辽宁、山东、贵州。排名第11~20位的省级行政区依次为福建、安徽、湖北、云南、吉林、黑龙江、新疆、陕西、湖南、江西。排名在第20位之后的省级行政区依次为四川、海南、广西、甘肃、河南、河北、山西、青海、宁夏、内蒙古、西藏。中国省级行政区资金要素得分平均值为6.26，有11个省级行政区资金要素得分高于全国平均水平（图4-25）。

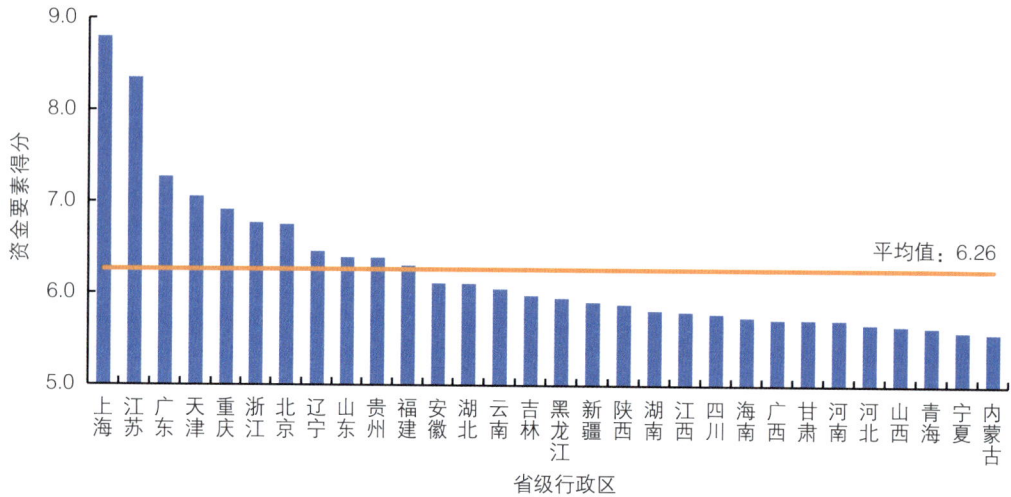

图4-25　中国省级行政区资金要素得分情况

　　根据四大地区资金要素得分测算结果，东部地区为资金要素得分最高区域，区域内部得分极差为 3.13，内部差距相对较大；东北地区、中部地区和西部地区得分低于全国平均水平，区域内部得分极差均低于 1.50，内部差距相对较小。中部地区和西部地区内部差距较上一年有所缩小（图4-26）。

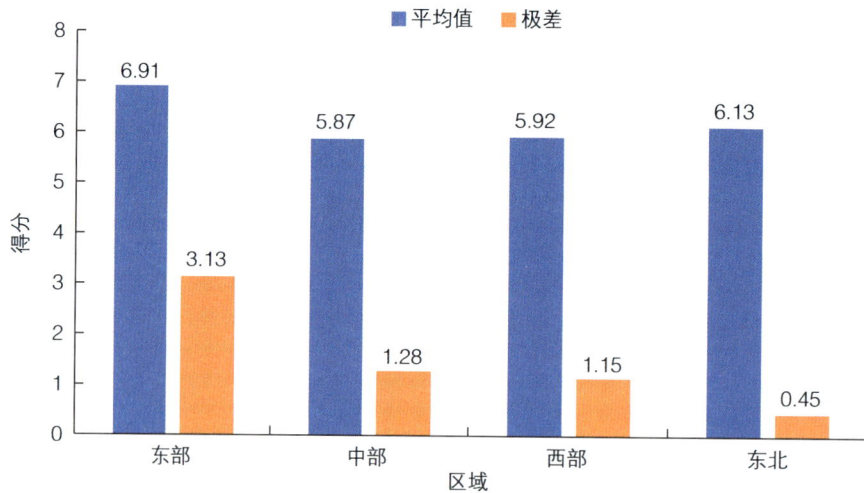

图4-26　中国四大地区资金要素得分平均值及极差分布

三级指标方面，国外资金占 R&D 经费内部支出比例与对境外机构支出占 R&D 经费外部支出比例体现了整体层面的科技创新合作资金支出结构。中国省级行政区的国外资金占 R&D 经费内部支出比例平均为 0.13%，对境外机构支出占 R&D 经费外部支出比例平均为 11.92%。国外资金占 R&D 经费内部支出比例方面，各地区占比差异较小，上海为全国唯一国外资金占比超过 0.8% 的地区，其占比为 0.86%，贵州、北京、江苏分别以 0.51%、0.50%、0.37% 位列其后；对境外机构支出占 R&D 经费外部支出比例方面，不同地区占比差异较大，上海、重庆、天津 3 个省级行政区占比分别为 59.23%、45.72%、38.38%，均超过 20%，与 2020 年状况变化不大。外商投资高技术企业经费方面，各省级行政区表现差距较大，全国仅有江苏、广东、天津等 7 个省级行政区得分高于全国平均值，其中江苏的外商投资高技术企业经费排在全国第 1 位，东部地区表现相对优异，中部地区和西部地区有较大的进步空间（图 4-27）。

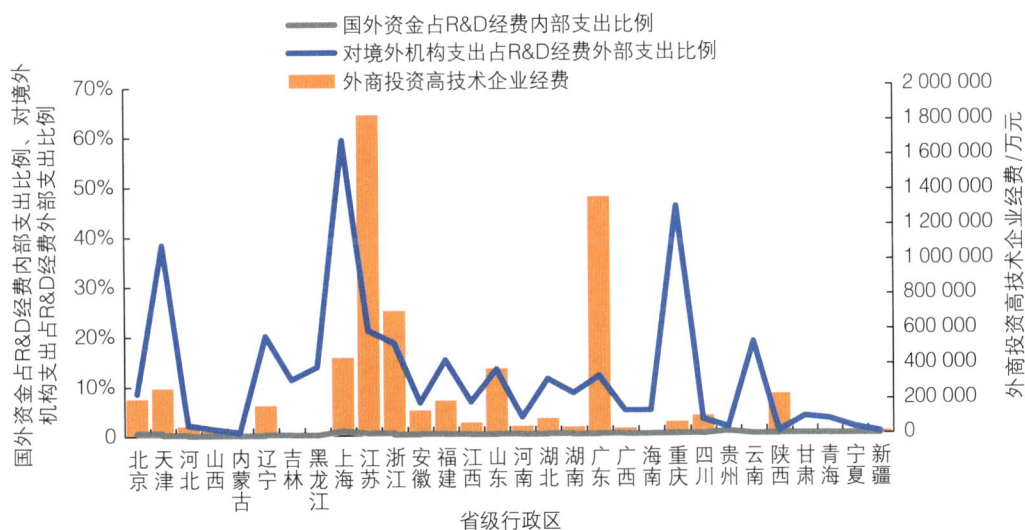

图4-27　国外资金占R&D经费内部支出比例、对境外机构支出占R&D
经费外部支出比例、外商投资高技术企业经费

3.知识要素

知识要素是创新活动开展的理论基础。本报告选取国外主要检索工具收录我国科技论文数、国际专利申请数量占地区专利申请总数比例 2 项三级指标测度知识要素。中国省级行政区知识要素得分及排名如表 4-12 所示。

表4-12　中国省级行政区知识要素得分及排名

省级行政区	得分	排名	省级行政区	得分	排名
北京	6.17	1	重庆	3.49	17
广东	4.85	2	黑龙江	3.45	18
上海	4.69	3	河南	3.39	19
江苏	4.61	4	河北	3.35	20
湖北	4.04	5	山西	3.26	21
山东	4.01	6	云南	3.26	22
浙江	3.98	7	江西	3.26	23
海南	3.94	8	广西	3.25	24
陕西	3.89	9	甘肃	3.24	25
湖南	3.76	10	新疆	3.20	26
四川	3.75	11	贵州	3.19	27
安徽	3.75	12	内蒙古	3.16	28
福建	3.72	13	宁夏	3.12	29
吉林	3.66	14	青海	3.09	30
辽宁	3.65	15	西藏	—	31
天津	3.60	16			

知识要素得分排名前 10 位的省级行政区依次为北京、广东、上海、江苏、湖北、山东、浙江、海南、陕西、湖南。排名第 11～20 位的省级行政区依次为四川、安徽、福建、吉林、辽宁、天津、重庆、黑龙江、河南、河北。排名在第 20 位之后的省级行政区依次为山西、云南、江西、广西、甘肃、新疆、贵州、内蒙古、宁夏、青海、西藏。中国省级行政区知识要素得分平均值为 3.73，有 12 个省级行政区知识要素得分高于全国平均水平（图 4-28）。

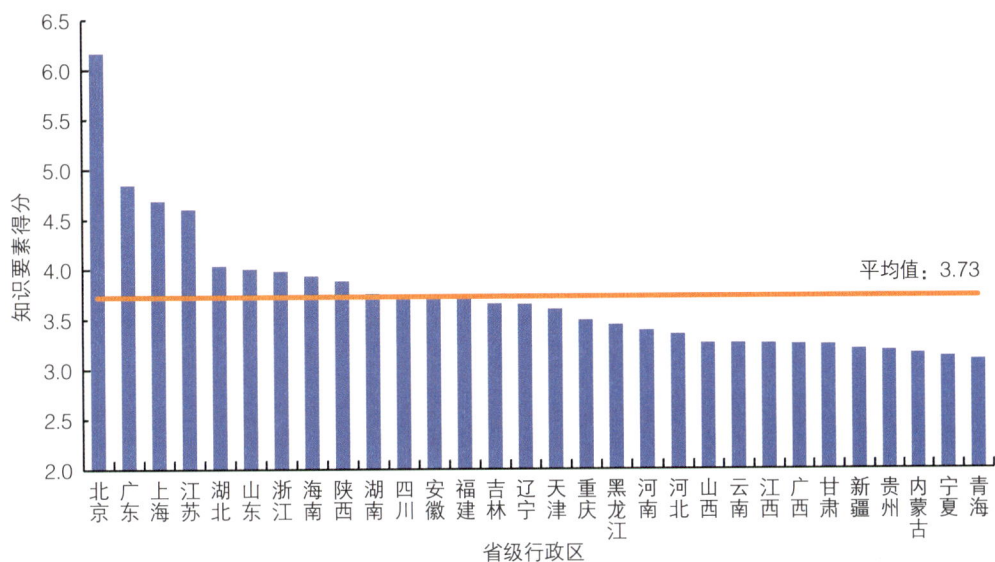

图4-28　中国省级行政区知识要素得分情况

　　根据四大地区知识要素得分测算结果，东部地区为知识要素得分最高区域，区域内部得分极差为2.82；东北地区、中部地区和西部地区得分低于全国平均水平，区域内部得分极差均低于1.0，内部差距相对较小（图4-29）。

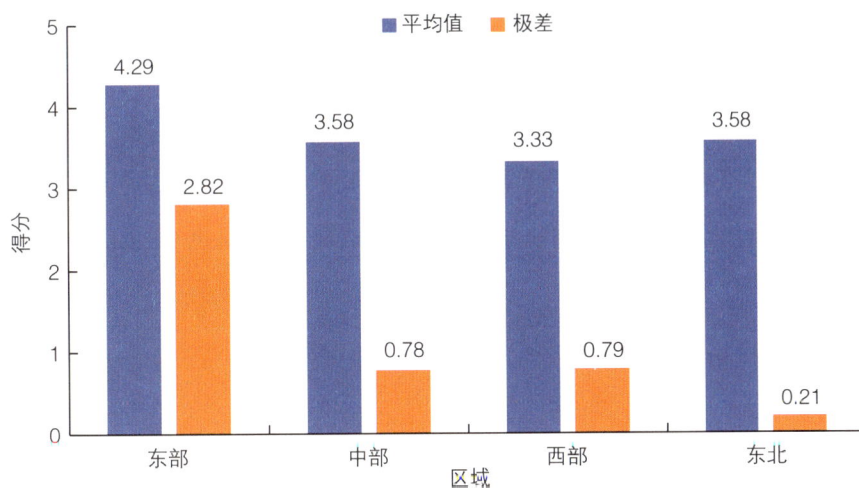

图4-29　中国四大地区知识要素得分平均值及极差分布

三级指标方面，中国省级行政区的国外主要检索工具收录我国科技论文数平均为29 202.67 篇，北京、江苏、上海、广东、陕西均拥有 5 万篇以上论文，分别为 133 339 篇、89 470 篇、65 294 篇、60 430 篇、50 391 篇；国际专利申请数量占地区专利申请总数比例平均为 7.58%，北京、广东、海南、上海占比均达 20% 以上，分别为 36.58%、26.59%、22.40%、20.74%（图 4-30）。

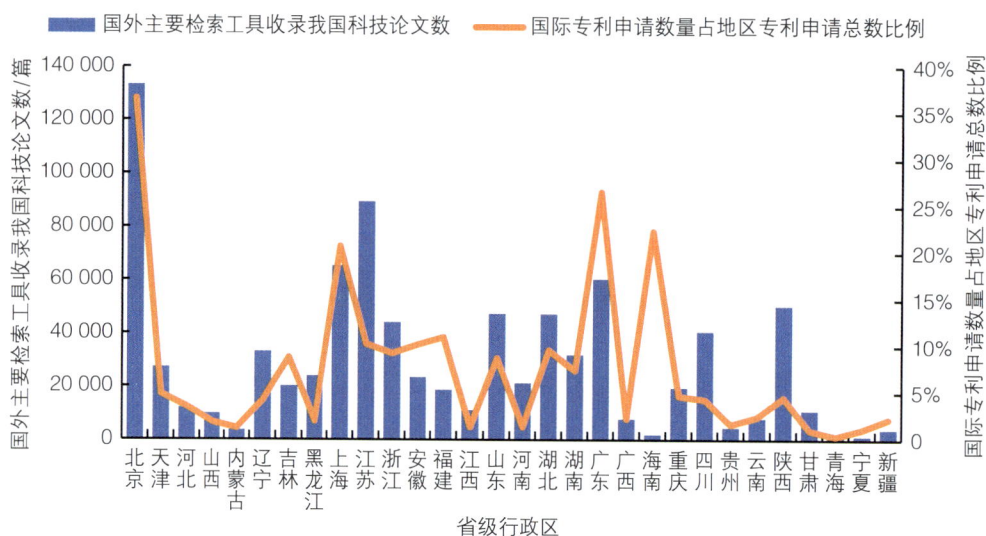

图4-30　国外主要检索工具收录我国科技论文数与国际专利
申请数量占地区专利申请总数比例

4.技术要素

技术要素是开展创新活动的重要禀赋。本报告选取国外技术引进合同金额、国家技术转移机构促成国际技术转移项目成交金额、ICT 服务出口占地区出口总额的比例 3 项三级指标测度技术要素。中国省级行政区技术要素得分及排名如表 4-13 所示。

表4-13　中国省级行政区技术要素得分及排名

省级行政区	得分	排名	省级行政区	得分	排名
湖北	10.55	1	河北	7.03	17
北京	10.21	2	贵州	7.03	18
上海	8.96	3	黑龙江	6.97	19
广东	8.93	4	海南	6.96	20
江苏	8.86	5	江西	6.95	21
山东	8.31	6	河南	6.94	22
辽宁	8.29	7	新疆	6.94	23
陕西	7.97	8	云南	6.93	24
湖南	7.81	9	内蒙古	6.91	25
四川	7.78	10	广西	6.91	26
浙江	7.74	11	山西	6.90	27
重庆	7.42	12	甘肃	6.90	28
天津	7.37	13	宁夏	6.90	29
吉林	7.35	14	青海	6.90	30
安徽	7.30	15	西藏	—	31
福建	7.15	16			

技术要素得分排名前10位的省级行政区依次为湖北、北京、上海、广东、江苏、山东、辽宁、陕西、湖南、四川。排名第11～20位的省级行政区依次为浙江、重庆、天津、吉林、安徽、福建、河北、贵州、黑龙江、海南。排名在第20位之后的省级行政区依次为江西、河南、新疆、云南、内蒙古、广西、山西、甘肃、宁夏、青海、西藏。中国省级行政区技术要素得分平均值为7.64，有11个省级行政区技术要素得分高于全国平均水平，如图4-31所示。

根据四大地区技术要素得分测算结果，东部地区为技术要素得分最高区域，区域内部得分极差为3.25，内部差距相对较大。中部地区得分高于全国平均水平，为7.74，西部地区和东北地区得分低于全国平均水平，其中西部地区区域内部得分极差为四大区域最低值，内部差距最小（图4-32）。

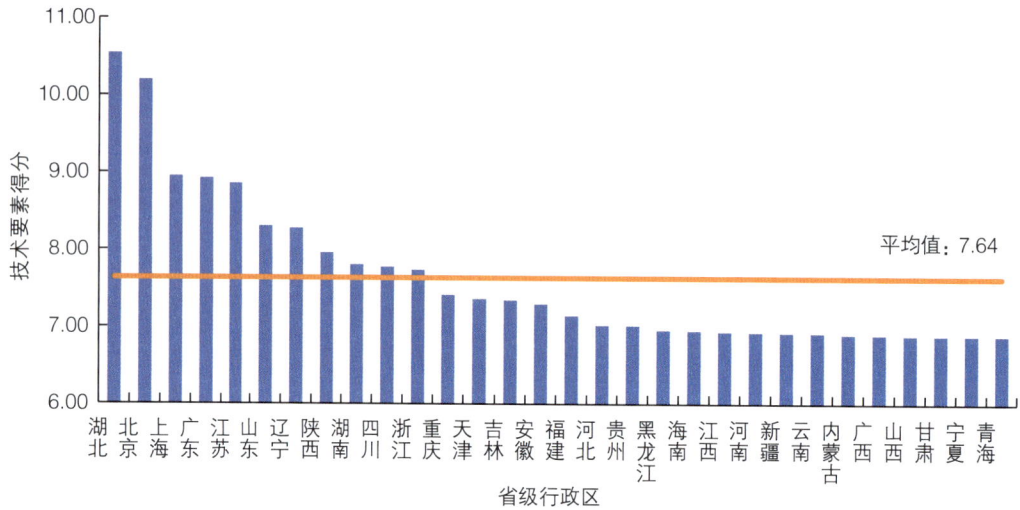

图4-31　中国省级行政区技术要素得分情况

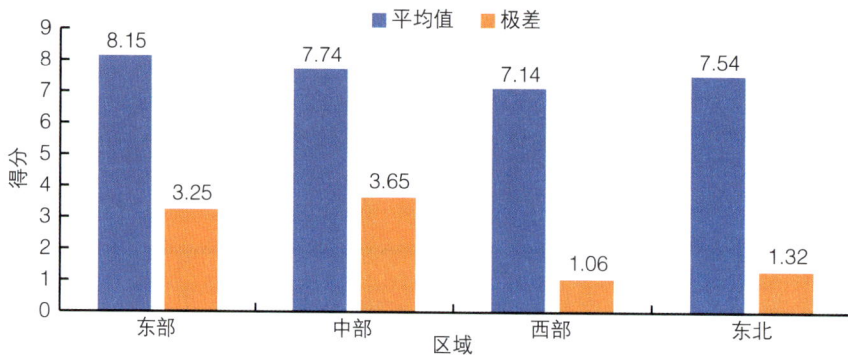

图4-32　中国四大地区技术要素得分平均值及极差分布

　　三级指标方面，中国省级行政区国外技术引进合同金额平均达到12.19亿美元，而国家技术转移机构促成国际技术转移项目成交金额平均为2.81亿元。各区域在国外技术引进合同金额、国家技术转移机构促成国际技术转移项目成交金额方面呈现出较大的差异。上海、广东、江苏、北京4个东部沿海省级行政区的国外技术引进合同金额均超过了30亿美元，而山西、内蒙古、江西、河南、广西、贵州、云南、陕西、甘肃、青海、新疆等中西部省级行政区国外技术引进合同金额均不超过1亿美元，东西部两极分化明显。在国家技术转移机构促成国际技术转移项目成交金额方面，湖北、北京、山东等省级行政区均实现了超过10亿元的成交金额，而江西、内蒙古、广西、海南、重庆、贵州、甘肃、宁夏等省级行政区成交金额均为零，两极分化更为显著（图4-33）。

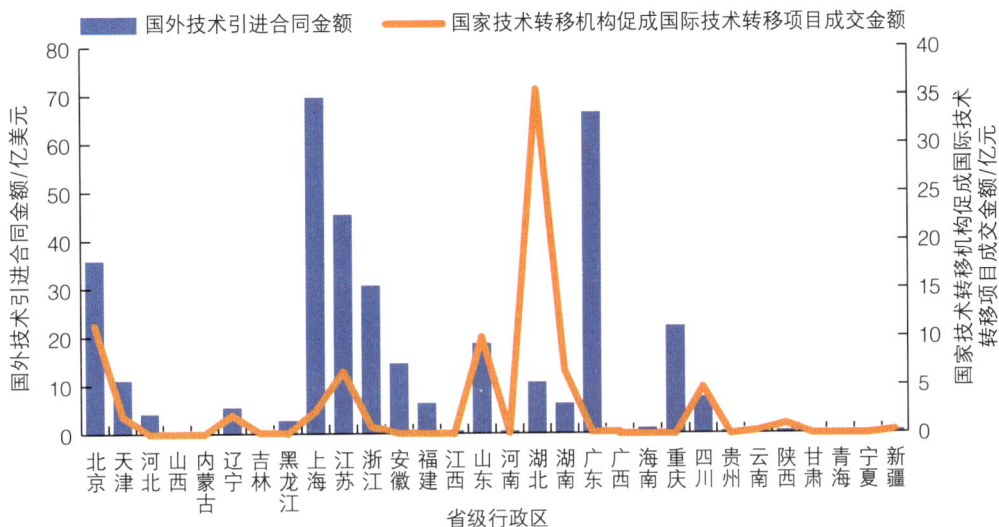

图4-33 国外技术引进合同金额与国家技术转移机构促成国际技术转移项目成交金额

中国省级行政区的ICT服务出口占地区出口总额的比例平均值为1.15%，其中，北京ICT服务出口占地区出口总额的比例为7.52%，遥遥领先于其他地区；辽宁、陕西、广东、江苏、上海、吉林等省级行政区ICT服务出口占地区出口总额的比例均高于全国平均水平，说明这些省级行政区在ICT领域能够吸引并满足国际市场的需求，在ICT技术创新、研发、生产或服务提供方面有着显著的优势。山西、内蒙古、云南、甘肃、青海、宁夏、新疆等省级行政区ICT服务出口占地区出口总额的比例较小，以ICT服务出口为主的技术要素国际流动水平较低（图4-34）。

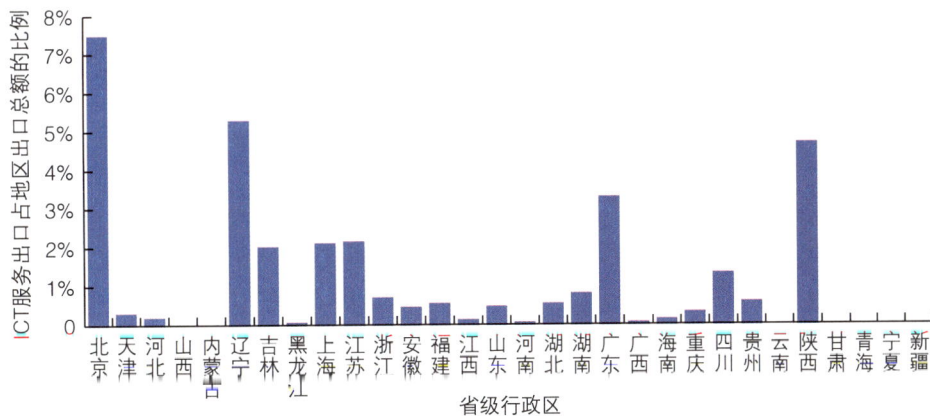

图4-34 ICT服务出口占地区出口总额的比例

三、开放创新环境

开放创新环境为科技创新提供良好的创新生态，有助于推动科技创新合作渠道畅通、创新资源共享和合作机制建立健全。本报告通过测度区域发展水平、制度环境、经济开放度 3 项二级指标及 8 项三级指标综合考察开放创新环境。

（一）一级指标得分排名与分析

1.得分排名概况

根据开放创新环境的测度体系和权重标准，中国省级行政区开放创新环境得分及排名如表 4-14 所示。

表4-14　中国省级行政区开放创新环境得分及排名

省级行政区	开放创新环境		二级指标					
			区域发展水平		制度环境		经济开放度	
	得分	排名	得分	排名	得分	排名	得分	排名
北京	27.68	1	12.80	1	6.11	3	8.76	1
上海	26.75	2	11.56	2	6.61	1	8.58	2
广东	23.97	3	9.84	5	6.53	2	7.60	5
天津	23.44	4	9.98	4	5.43	9	8.03	3
浙江	22.99	5	9.69	7	5.42	10	7.88	4
江苏	22.19	6	9.99	3	5.71	4	6.49	15
福建	21.77	7	9.75	6	5.40	11	6.62	12
山东	21.09	8	8.47	13	5.63	5	6.99	10
湖南	20.73	9	8.64	9	4.85	19	7.24	8
江西	20.68	10	8.68	8	4.57	22	7.43	6
安徽	20.67	11	8.56	10	4.89	17	7.21	9
重庆	20.06	12	8.55	11	5.44	8	6.07	18
河南	20.06	13	8.39	14	4.96	16	6.71	11
海南	20.03	14	8.29	17	4.42	25	7.33	7
陕西	19.97	15	8.49	12	4.88	18	6.60	13
湖北	19.93	16	8.32	16	5.63	6	5.98	19

| 省级行政区 | 开放创新环境 | | 二级指标 | | | | | |
| | | | 区域发展水平 | | 制度环境 | | 经济开放度 | |
	得分	排名	得分	排名	得分	排名	得分	排名
四川	19.73	17	8.37	15	5.55	7	5.80	22
吉林	19.35	18	8.22	18	4.98	13	6.16	17
河北	19.27	19	7.72	23	4.97	14	6.58	14
辽宁	18.66	20	7.77	22	4.62	21	6.28	16
贵州	18.29	21	7.71	24	5.29	12	5.29	28
内蒙古	18.28	22	8.01	19	4.96	15	5.30	27
广西	18.25	23	7.84	20	4.53	23	5.89	21
云南	18.06	24	7.83	21	4.34	26	5.89	20
黑龙江	17.59	25	7.39	28	4.65	20	5.55	24
山西	17.49	26	7.70	25	4.18	28	5.61	23
宁夏	17.40	27	7.46	26	4.45	24	5.48	25
甘肃	16.80	28	7.35	29	4.20	27	5.25	29
新疆	16.65	29	7.34	30	3.90	29	5.41	26
青海	16.06	30	7.41	27	3.55	30	5.10	30
西藏	—	31	—	31	—	31	—	31

开放创新环境得分排名前10位的省级行政区依次为北京、上海、广东、天津、浙江、江苏、福建、山东、湖南、江西。排名第11～20位的省级行政区依次为安徽、重庆、河南、海南、陕西、湖北、四川、吉林、河北、辽宁。排名在第20位之后的省级行政区依次为贵州、内蒙古、广西、云南、黑龙江、山西、宁夏、甘肃、新疆、青海、西藏。中国省级行政区开放创新环境得分平均值为20.13，其中有11个省级行政区开放创新环境得分高于全国平均水平（图4-35、图4-36、图4-37）。

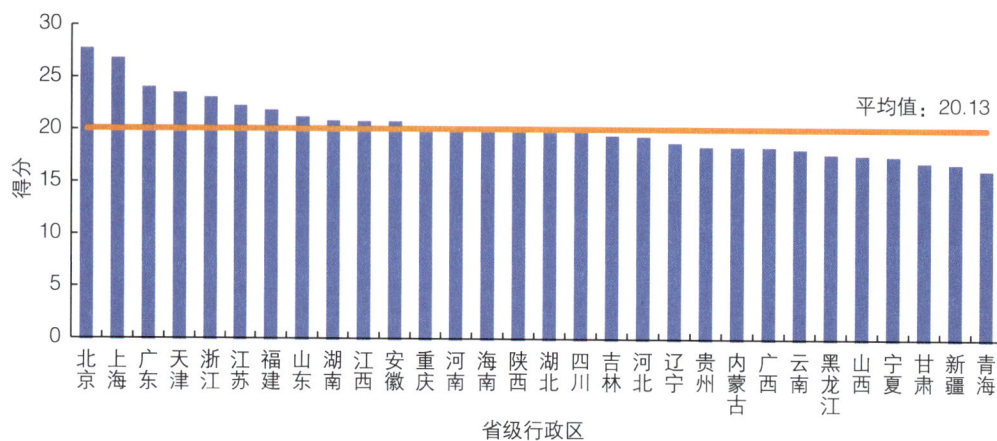

图4-35　中国省级行政区开放创新环境得分情况

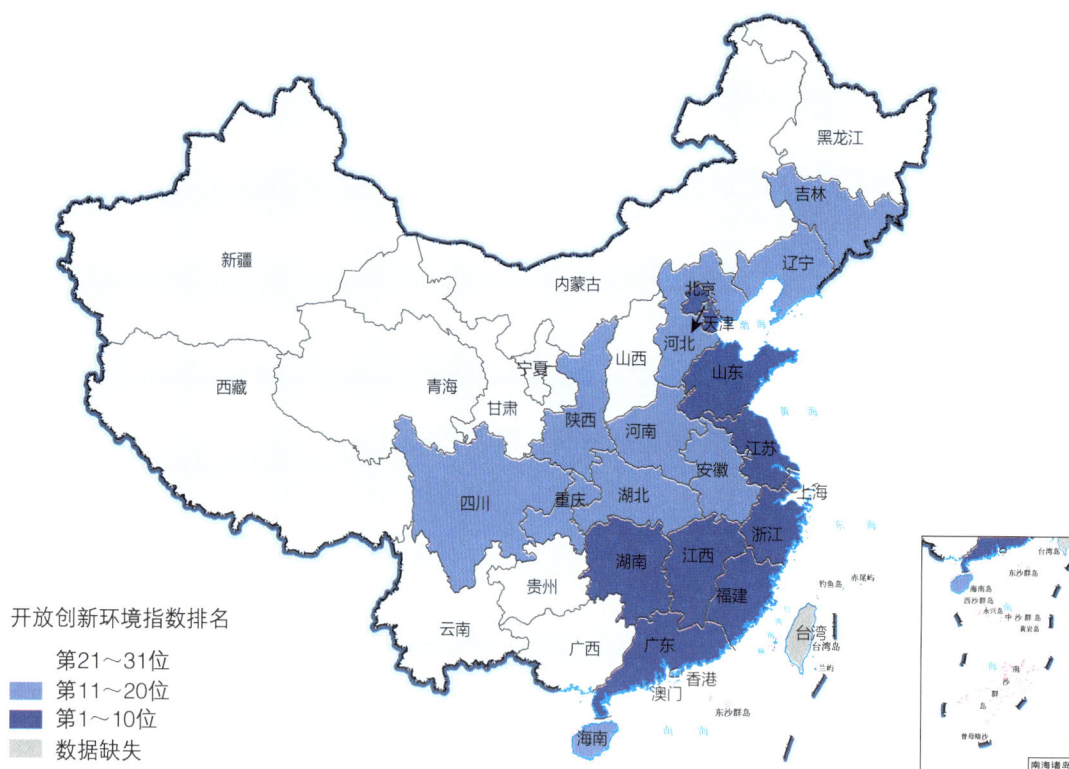

开放创新环境指数排名

第21～31位
第11～20位
第1～10位
数据缺失

图4-36　中国省级行政区开放创新环境指数排名分布

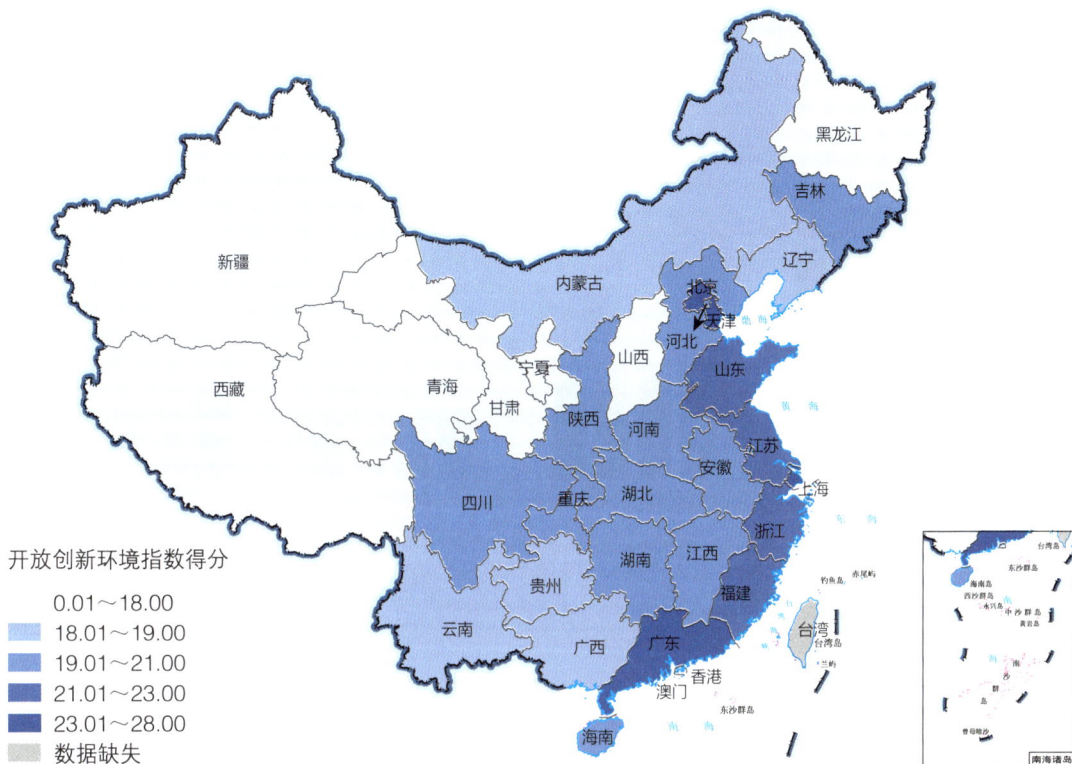

图4-37　中国省级行政区开放创新环境指数得分分布

2.区域差异分析

（1）区域间差异分析

对比分析开放创新环境得分及区域发展水平、制度环境和经济开放度3项二级指标发现，开放创新环境得分呈现较明显的区域差异。四大地区开放创新环境得分大致呈阶梯状分布，东部地区开放创新环境水平最高，与中部地区、东北地区和西部地区具有较大差距，在区域发展水平、制度环境和经济开放度3项二级指标上均具备显著的相对优势，开放创新环境得分排名靠前。中部、东北和西部三大地区内部差距不大，其中中部地区开放创新环境表现相对较好，区域发展水平与经济开放度得分相对较高，制度环境具有提升空间，东北地区开放创新环境水平有待进一步提高，经济开放度及制度环境具有一定发展优势，区域发展水平有待继续发展；西部地区开放创新环境水平相对较低，区域发展水平具备一定发展基础，经济开放度和制度环境都有较大提升空间（图4-38）。

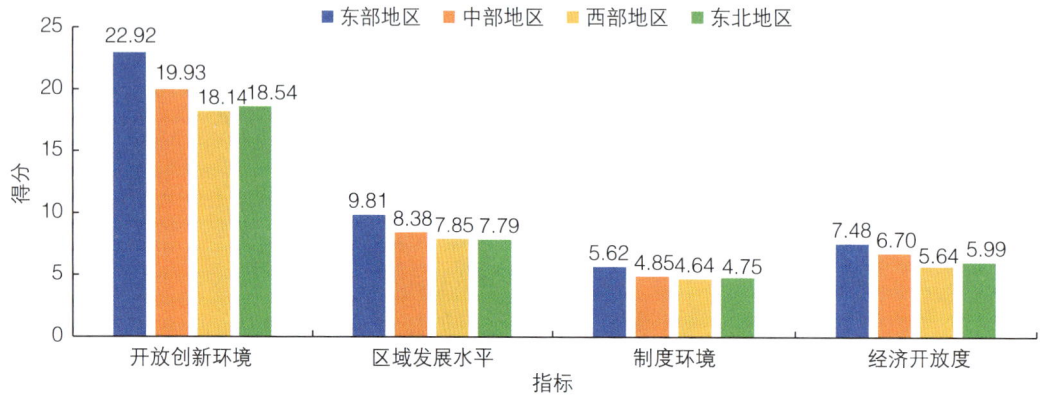

图4-38　四大地区开放创新环境及二级指标得分情况

（2）区域内差异分析

东部地区 10 个省级行政区中，除海南、河北以外，其余 8 个省级行政区均居全国前 8 位且开放创新环境得分高于全国平均值，区域内开放创新环境水平较高且差距较小。中部 6 个省级行政区中，湖南、江西居全国前 10 位且开放创新环境得分高于全国平均值，安徽开放创新环境得分居全国前 20 位且高于全国平均值，河南、湖北、山西开放创新环境得分均低于全国平均值，区域内水平差距较大。东北地区 3 个省级行政区的开放创新环境得分排名在全国范围内均相对落后，具有较大上升空间。西部地区 12 个省级行政区开放创新环境得分均低于全国平均值，重庆、陕西、四川处于中等水平，其余省级行政区水平均较低，区域内整体水平较低且差异显著（表4-15）。

表4-15 开放创新环境得分四大地区内部差异分析

区域	省级行政区	排名	区域	省级行政区	排名
东部	北京	1	西部	重庆	12
	上海	2		陕西	15
	广东	3		四川	17
	天津	4		贵州	21
	浙江	5		内蒙古	22
	江苏	6		广西	23
	福建	7		云南	24
	山东	8		宁夏	27
	海南	14		甘肃	28
	河北	19		新疆	29
中部	湖南	9		青海	30
	江西	10		西藏	31
	安徽	11	东北	吉林	18
	河南	13		辽宁	20
	湖北	16		黑龙江	25
	山西	26			

（3）排名变化分析

开放创新环境指数排名变化四大地区差异分析如表4-16所示。相比2020年，2021年省级行政区开放创新环境指数及排名发生较大变动，仅有5个省级行政区排名未发生变化，其中10个省级行政区排名上升，16个省级行政区排名下降。从开放创新环境指数排名变化的区域分布来看，四大地区中，排名变化较小的省级行政区主要集中在东部地区和东北地区，排名变化较大的省级行政区主要集中在中部地区和西部地区。北京、上海、广东、天津、浙江5个省级行政区开放创新环境指数居前5位。北京开放创新环境指数排名上升了1位，位居第一；上海排名下降了1位，位居第二；广东排名未发生变化，位居第三；天津排名上升了2位，位居第四；浙江排名下降了1位，位居第五。排名变化最大的省级行政区是河南，上升了4位，主要源于区域发展水平和制度环境两个二级指标的较大提升。其后是重庆、贵州和吉林，均上升了3位，具体地，重庆排名上升得益于二级指标制度环境的较大提升，贵州排名上升得益于区域发展水平和制度环境两个二级指标的较大提升，吉林排名上升得益于制度环境和经济开放度两个二级指标的较大提升。广西下降了 3 位，这主要受到区域发展水平和制度环境两个二级指标的发展限制，其余省级行政区变化幅度均较小。进一步分析，北京凭借区域发展水平和经济开放度两个二级指标的绝对优势，开放创新环境指数排名超越上海位居第一；上海基于二级指标制度环境的突出水平及区域发展水平和经济开放度的均衡发展，开放创新环境指数排名仅次于北京，位居第二；广东得益于二级指标制度环境的突出水平，开放创新环境指数排名位居第三。

表4-16 开放创新环境指数排名变化四大地区差异分析

区域	省级行政区	排名			区域	省级行政区	排名		
		2021 年	2020 年	排名变化			2021 年	2020 年	排名变化
东部	北京	1	2	↑ 1	西部	重庆	12	15	↑ 3
	上海	2	1	↓ 1		陕西	15	13	↓ 2
	广东	3	3	0		四川	17	16	↓ 1
	天津	4	6	↑ 2		贵州	21	24	↑ 3
	浙江	5	4	↓ 1		内蒙古	22	22	0
	江苏	6	5	↓ 1		广西	23	20	↓ 3
	福建	7	8	↑ 1		云南	24	23	↓ 1
	山东	8	7	↓ 1		宁夏	27	26	↓ 1
	海南	14	12	↓ 2		甘肃	28	29	↑ 1
	河北	19	18	↓ 1		新疆	29	28	↓ 1
中部	湖南	9	10	↑ 1		青海	30	30	0
	江西	10	9	↓ 1		西藏	31	31	0
	安徽	11	11	0	东北	吉林	18	21	↑ 3
	河南	13	17	↑ 4		辽宁	20	19	↓ 1
	湖北	16	14	↓ 2		黑龙江	25	27	↑ 2
	山西	26	25	↓ 1					

（二）二级指标得分排名与分析

1.区域发展水平

区域发展水平是各项创新活动的经济基础，是区域参与科技创新国际化的重要保障。本报告选取人均GDP、二三产业增加值占地区生产总值比例、万人移动互联网用户数、综合能耗产出率共4项三级指标评价区域发展水平，测算结果如表4-17所示。

表4-17　中国省级行政区区域发展水平得分及排名

省级行政区	得分	排名	省级行政区	得分	排名
北京	12.80	1	海南	8.29	17
上海	11.56	2	吉林	8.22	18
江苏	9.99	3	内蒙古	8.01	19
天津	9.98	4	广西	7.84	20
广东	9.84	5	云南	7.83	21
福建	9.75	6	辽宁	7.77	22
浙江	9.69	7	河北	7.72	23
江西	8.68	8	贵州	7.71	24
湖南	8.64	9	山西	7.70	25
安徽	8.56	10	宁夏	7.46	26
重庆	8.55	11	青海	7.41	27
陕西	8.49	12	黑龙江	7.39	28
山东	8.47	13	甘肃	7.35	29
河南	8.39	14	新疆	7.34	30
四川	8.37	15	西藏	—	31
湖北	8.32	16			

区域发展水平得分排名前10位的省级行政区依次为北京、上海、江苏、天津、广东、福建、浙江、江西、湖南、安徽。排名第11～20位的省级行政区依次为重庆、陕西、山东、河南、四川、湖北、海南、吉林、内蒙古、广西。排名在第20位之后的省级行政区依次为云南、辽宁、河北、贵州、山西、宁夏、青海、黑龙江、甘肃、新疆、

西藏。中国省级行政区区域发展水平得分平均值为 8.61，有 9 个省级行政区区域发展水平高于全国平均水平（图 4-39）。

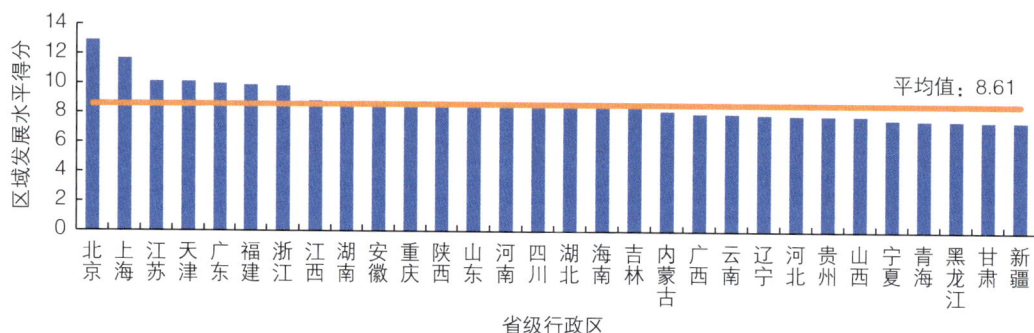

图4-39　中国省级行政区区域发展水平得分情况

根据四大地区区域发展水平得分测算结果，区域发展水平得分全国平均值为 8.61。东部地区为区域发展水平得分最高区域，区域内部得分平均值为 9.81，极差为 5.08，内部差距相对较大；中部地区、西部地区和东北地区得分平均值分别为 8.38、7.85、7.79，均低于全国平均水平，其中西部地区极差为 1.21，中部地区和东北地区区域内部得分极差低于 1.00，内部差距相对较小（图 4-40）。

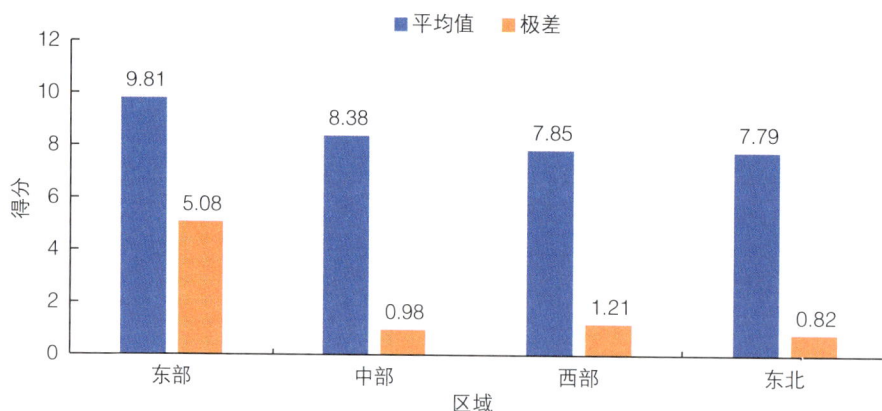

图4-40　中国四大地区区域发展水平得分平均值及极差分布

三级指标方面，中国省级行政区人均 GDP 平均为 80 378.6 元，二三产业增加值占地区生产总值比例平均为 90.78%，万人移动互联网用户数平均为 1.02 户（图 4-41）。

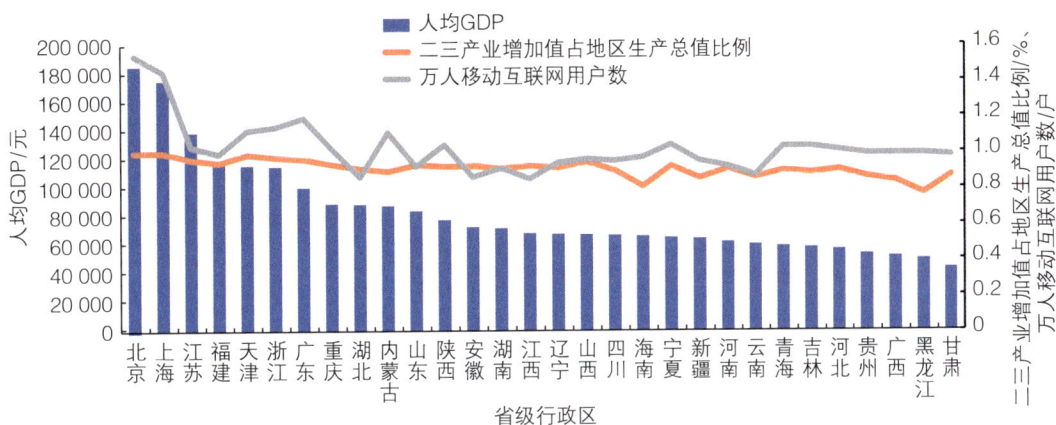

图4-41 人均GDP、二三产业增加值占地区生产总值比例、万人移动互联网用户数

中国省级行政区综合能耗产出率平均为 19.79%。其中，北京、上海、广东的综合能耗产出率高于 30%，并且北京的综合能耗产出率远高于其他省级行政区；天津、福建、江西等 11 个省级行政区综合能耗产出率为 20% ~ 30%；山东、陕西、广西等 11 个省级行政区综合能耗产出率为 10% ~ 20%；山西、内蒙古、新疆等 5 个省级行政区的综合能耗产出率低于 10%（图 4-42）。

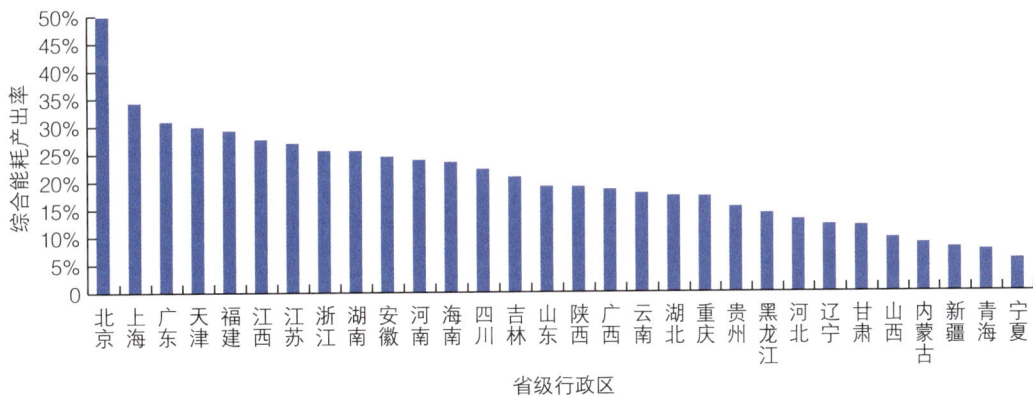

图4-42 综合能耗产出率

2.制度环境

制度环境是地区科技创新的关键支撑，直接影响着创新的动力、资源配置和成果转化。本报告使用营商环境得分、政府与市场关系得分 2 项三级指标测算制度环境。中国省级行政区制度环境得分及排名如表 4-18 所示。

表4-18　中国省级行政区制度环境得分及排名

省级行政区	得分	排名	省级行政区	得分	排名
上海	6.61	1	安徽	4.89	17
广东	6.53	2	陕西	4.88	18
北京	6.11	3	湖南	4.85	19
江苏	5.71	4	黑龙江	4.65	20
山东	5.63	5	辽宁	4.62	21
湖北	5.63	6	江西	4.57	22
四川	5.55	7	广西	4.53	23
重庆	5.44	8	宁夏	4.45	24
天津	5.43	9	海南	4.42	25
浙江	5.42	10	云南	4.34	26
福建	5.40	11	甘肃	4.20	27
贵州	5.29	12	山西	4.18	28
吉林	4.98	13	新疆	3.90	29
河北	4.97	14	青海	3.55	30
内蒙古	4.96	15	西藏	—	31
河南	4.96	16			

制度环境得分排名前 10 位的省级行政区依次为上海、广东、北京、江苏、山东、湖北、四川、重庆、天津、浙江。排名第 11～20 位的省级行政区依次为福建、贵州、吉林、河北、内蒙古、河南、安徽、陕西、湖南、黑龙江。排名在第 20 位之后的省级行政区依次为辽宁、江西、广西、宁夏、海南、云南、甘肃、山西、新疆、青海、西藏。中国省级行政区制度环境得分平均值为 5.02，其中有 12 个省级行政区制度环境高于全国平均水平（图 4-43）。

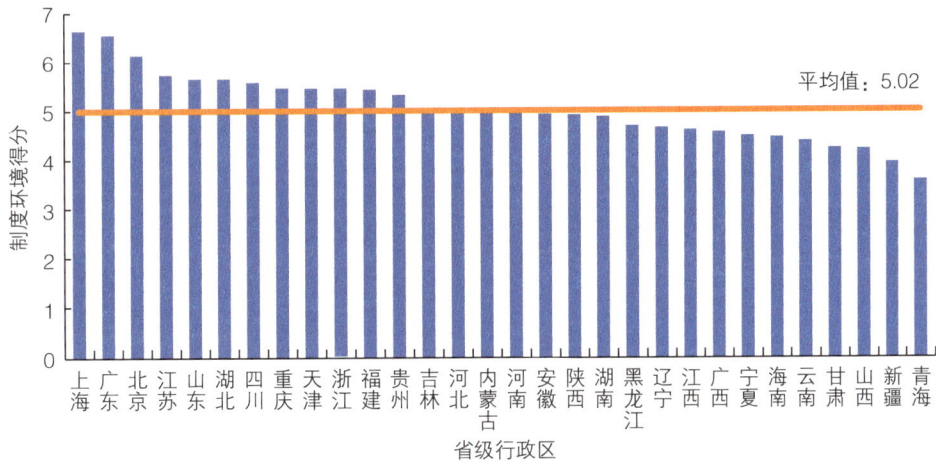

图4-43 中国省级行政区制度环境得分情况

根据四大地区制度环境得分测算结果，制度环境得分全国平均值为5.02。东部地区为制度环境得分最高区域，区域内部得分平均值为5.62，极差为2.19，内部差距最大；中部地区、西部地区和东北地区得分平均值分别为4.85、4.64、4.75，均低于全国平均水平，中部地区和西部地区区域内部极差分别为1.45和2.01，内部差距相对较大，东北地区区域内部得分极差为0.36，内部差距相对较小（图4-44）。

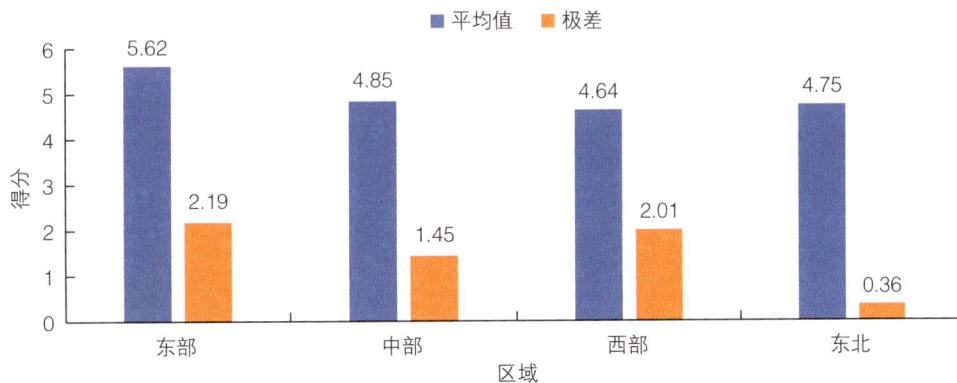

图4-44 中国四大地区制度环境得分平均值及极差分布

从三级指标看，营商环境得分平均为 43.58。上海得分为 60.86，为得分最高地区。上海、广东、北京等 12 个省级行政区营商环境得分高于 45；吉林、浙江、河北等 15 个省级行政区营商环境得分在 35～45 分；山西、新疆、青海等 3 个省级行政区营商环境得分低于 35。政府与市场关系得分平均为 9.02。江苏得分为 12.39，为得分最高地区。江苏、广东、上海等 9 个省级行政区政府与市场关系得分高于 10；辽宁、安徽、重庆等 11 个省级行政区政府与市场关系得分在 8～10 分；黑龙江、广西、云南等 10 个省级行政区政府与市场关系得分低于 8（图 4-45）。

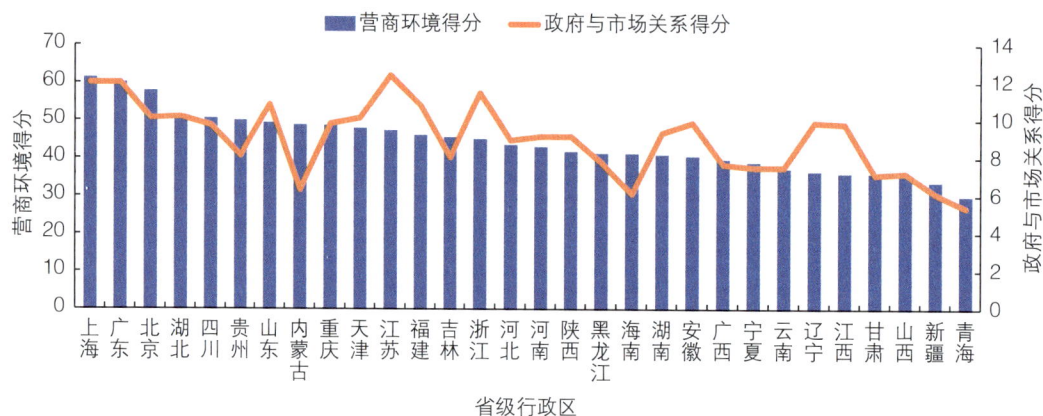

图4-45　营商环境得分和政府与市场关系得分

3.经济开放度

经济开放度在促进跨境合作、知识流动和资源共享等方面至关重要，影响着科技创新的跨国交流与发展。本报告选取贸易开放度、投资开放度 2 项三级指标测算经济开放度。中国省级行政区经济开放度得分及排名如表 4-19 所示。

表4-19 中国省级行政区经济开放度得分及排名

省级行政区	得分	排名	省级行政区	得分	排名
北京	8.76	1	吉林	6.16	17
上海	8.58	2	重庆	6.07	18
天津	8.03	3	湖北	5.98	19
浙江	7.88	4	云南	5.89	20
广东	7.60	5	广西	5.89	21
江西	7.43	6	四川	5.80	22
海南	7.33	7	山西	5.61	23
湖南	7.24	8	黑龙江	5.55	24
安徽	7.21	9	宁夏	5.48	25
山东	6.99	10	新疆	5.41	26
河南	6.71	11	内蒙古	5.30	27
福建	6.62	12	贵州	5.29	28
陕西	6.60	13	甘肃	5.25	29
河北	6.58	14	青海	5.10	30
江苏	6.49	15	西藏	—	31
辽宁	6.28	16			

经济开放度得分排名前10位的省级行政区依次为北京、上海、天津、浙江、广东、江西、海南、湖南、安徽、山东。排名第11～20位的省级行政区依次为河南、福建、陕西、河北、江苏、辽宁、吉林、重庆、湖北、云南。排名在第20位之后的省级行政区依次为广西、四川、山西、黑龙江、宁夏、新疆、内蒙古、贵州、甘肃、青海、西藏。中国省级行政区经济开放度得分平均值为6.50，其中有14个省级行政区经济开放度高于全国平均水平（图4-46）。

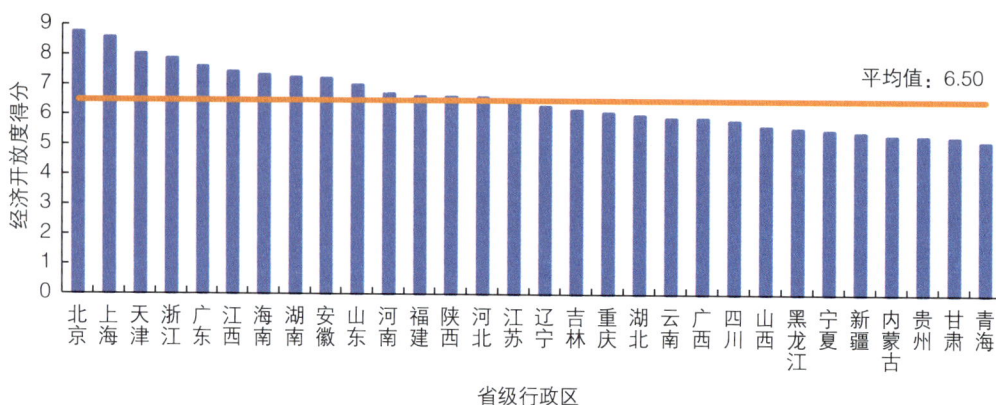

图4-46　中国省级行政区经济开放度得分情况

根据四大地区经济开放度得分测算结果，经济开放度得分全国平均值为 6.50。东部地区为经济开放度得分最高区域，区域内部得分平均值为 7.48，极差为 2.27，内部差距最大；中部地区、西部地区和东北地区得分平均值分别为 6.70、5.64、5.99，3 个地区中只有中部地区高于全国平均水平，中部地区和西部地区区域内部得分极差分别为 1.82 和 1.50，内部差距相对较大，东北地区区域内部得分极差为 0.73，内部差距最小（图 4-47）。

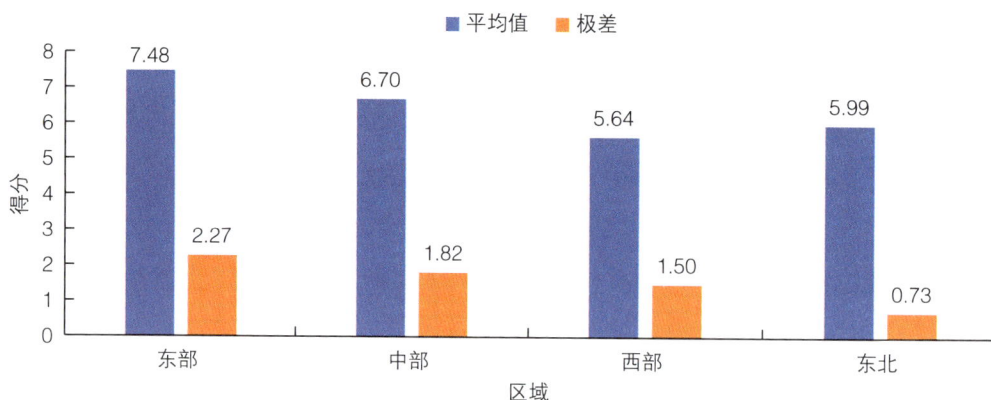

图4-47　中国四大地区经济开放度得分平均值及极差分布

三级指标方面，贸易开放度与投资开放度从经济角度刻画了区域对外开放水平。中国省级行政区的贸易开放度平均为 25.39%，投资开放度平均为 1.57%。上海贸易开放度为 93.96%，居全国第 1 位，远超全国平均水平，处于头部引领地位；其投资开放度为 2.46%，相对贸易开放度而言较弱。北京贸易开放度为 75.58%，投资开放度为 3.62%，两项指标均居全国第 2 位。此外，江西投资开放度达 3.71%，居全国第1 位。湖南投资开放度达 3.52%，仅次于江西、北京。安徽、海南投资开放度达 3.32%和 3.25%，分别居全国第 4、第 5 位。广东贸易开放度达 66.48%，居全国第 3 位（图 4-48）。

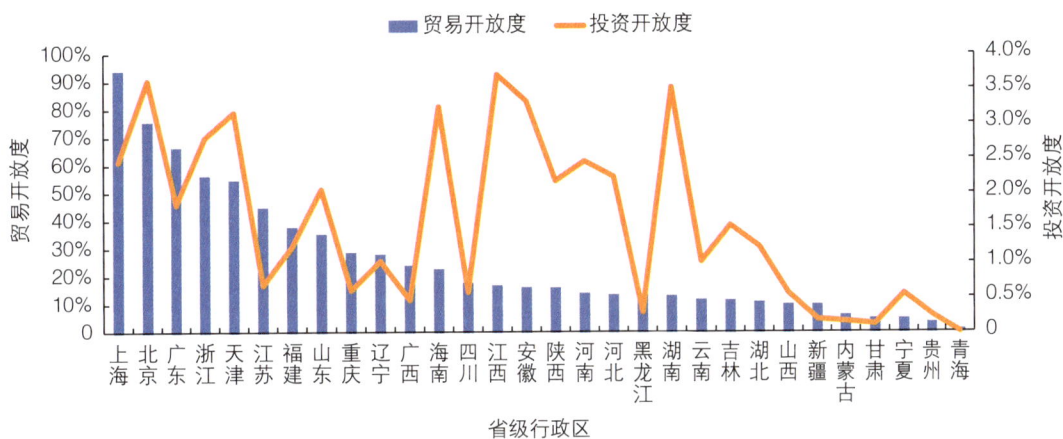

图4-48　贸易开放度与投资开放度

中国科技创新国际化指数研究报告2023

国际科技创新中心 第五章

及区域科技创新中心评价

从科技创新中心建设看，2021 年，北京、上海、粤港澳大湾区、成渝地区、湖北、陕西均积极推进科技创新国际化进程，各自展现了不同的优势和特色。北京以其深厚的科技创新实力和活跃的市场环境，连续两年在国际创新合作基础指数上稳居全国首位，同时在开放创新环境指数上取得了显著进步。上海则凭借其在人才要素和资金要素上的显著优势，推动了创新要素的跨国流动，并在国际科技合作网络的拓展上取得了显著成效。粤港澳大湾区则通过全方位、多层次的国际科技创新合作，特别是在科技企业孵化器数量和高技术产业外资企业办研发机构数量上的突出表现，稳固了其在全国科技创新国际化中的领先地位。成渝地区、湖北及陕西则依托自身特色与优势，积极融入"一带一路"倡议，加强国际科技项目和人才合作，提升区域科技创新实力，共同推动中国科技创新国际化事业蓬勃发展。国际科技创新中心及区域科技创新中心的指数及变动如表 5-1 所示。

表5-1 国际科技创新中心及区域科技创新中心的指数及变动

创新中心类型	区域	2021 年指数	2021 年排名	2020 年指数	2020 年排名	指数变动	排名变动
国际科技创新中心	北京	84.12	1	83.98	1	0.14	0
	上海	78.03	2	77.77	2	0.26	0
	粤港澳大湾区（广东）	74.27	4	74.45	4	−0.18	0

创新中心类型	区域	2021年指数	2021年排名	2020年指数	2020年排名	指数变动	排名变动
区域科技创新中心	四川	59.79	14	60.03	10	−0.24	↓ 4
	重庆	60.05	13	58.65	15	1.40	↑ 2
	湖北	64.49	7	60.97	8	3.52	↑ 1
	陕西	61.19	10	59.91	11	1.28	↑ 1

与2020年相比，2021年多数科技创新中心实现了国际化水平不同程度的上升。在三大国际科技创新中心中，北京、上海在保持全国前二的同时，总指数均在不断增加；粤港澳大湾区（广东）的科技创新国际化水平出现小幅下降，主要是由于新冠疫情导致经济开放度下滑，但指数的下降并未改变其在全国的排名。在区域科技创新中心中，除了四川的指数出现一定下滑外，重庆、湖北、陕西的科技创新国际化指数和排名都呈现明显提升。

一、北京

北京坚定确立并深化其作为国际科技创新中心的战略地位，以全球视野精心策划科技创新布局，着力打造中国自主创新的重要源头和原始创新的主要策源地，主动在海外布局国际创新合作项目，积极融入全球科技创新网络，支持北京创新主体在海外共建创新中心、孵化器、海外科技园等创新载体，确保如期建成世界主要科学中心和创新高地。2021年，北京积极发挥首都优势，进一步深化与"一带一路"沿线国家的科技合作与交流，推进《"一带一路"科技创新北京行动计划（2019—2021年）》，提升国际科技合作层级，同时依托中关村论坛等国际性、多层次、高水平科技交流平台，进一步扩大中国科技创新国际影响力。相较于2020年，北京地区总指数排名依然高居全国第一，一级指标发挥稳定，变化不大。北京科技创新国际化指数各级指标排名如表5–2和图5–1所示。

表5-2　北京科技创新国际化指数各级指标排名

一级指标	排名	二级指标	排名	三级指标	排名
国际创新合作基础	1	科技创新实力	1	R&D 人员全时当量占地区从业人员比例	1
				全社会 R&D 投入强度	1
				受高等教育人员占比	1
				每万人发表科技论文数	1
				每万名从业人员发明专利申请量	1
				高技术产业新产品销售收入占主营业务比重	2
		创新市场活跃度	1	创业投资机构数量	3
				国家技术转移机构数量	1
				科技企业孵化器数量	7
				技术合同成交额	1
		创新合作载体	14	高技术产业外资企业办研发机构数量	7
				规模（限额）以上企业中创新合作企业比例	18
创新要素跨国流动	2	人才要素	2	高新技术企业留学归国人员数量占年末从业人员总数比例	1
				高新技术企业外籍常驻人员数量占年末从业人员总数比例	8
				高校教育机构外籍教师人数	3
		资金要素	7	国外资金占 R&D 经费内部支出比例	3
				对境外机构支出占 R&D 经费外部支出比例	14
				外商投资高技术企业经费	8
		知识要素	1	国外主要检索工具收录我国科技论文数	1
				国际专利申请数量占地区专利申请总数比例	1
		技术要素	2	国外技术引进合同金额	4
				国家技术转移机构促成国际技术转移项目成交金额	2
				ICT 服务出口占地区出口总额的比例	1
开放创新环境	1	区域发展水平	1	人均 GDP	1
				二三产业增加值占地区生产总值比例	2
				万人移动互联网用户数	1
				综合能耗产出率	1
		制度环境	2	营商环境得分	3
				政府与市场关系得分	8
		经济开放度	1	贸易开放度	2
				投资开放度	2

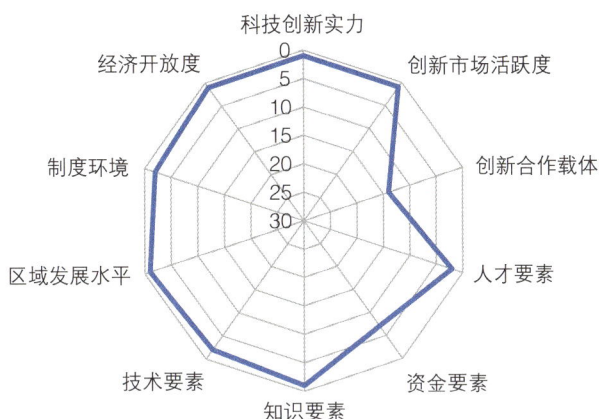

图5-1　北京科技创新国际化指数二级指标排名

一级指标方面，2021 年，北京凭借科技创新实力和创新市场活跃度两项指标的绝对优势，国际创新合作基础指数连续两年（2020—2021 年）稳居第一；由于经济开放度指标的显著进步，开放创新环境指数排名位居全国第一，较上年上升 1 位；创新要素跨国流动指数位居全国第二，总体科技创新国际化水平在全国处于遥遥领先的地位。

二级指标方面，2021 年，北京大部分指标均位于全国前三，凭借 R&D 人员全时当量占地区从业人员比例、全社会 R&D 投入强度、受高等教育人员占比、每万人发表科技论文数、每万名从业人员发明专利申请量、国际专利申请数量占地区专利申请总数比例、人均 GDP 等指标在区域内的绝对优势，科技创新实力、知识要素和区域发展水平 3 项指标连续两年排名第一。与此同时，由于创业投资机构数量、高新技术企业留学归国人员数量占年末从业人员总数比例、高校教育机构外籍教师人数、贸易开放度等指标的优越表现，创新市场活跃度、人才要素和经济开放度排名较上年分别上升 1 位、2 位和 1 位，其中创新市场活跃度、经济开放度两项指标位列全国第一，为创新要素和国际优质创新资源在市场顺利流通与高度集聚，营造了良好的营商环境，打下了坚实的经济基础。值得注意的是，北京的创新合作载体、资金要素排名分别为第 14 位和第 7 位，并未像其他二级指标一样具备明显优势，未来仍需要进一步加强创新合作载体建设和资金要素流动建设。

三级指标方面，2021 年，R&D 人员全时当量占地区从业人员比例、全社会 R&D 投入强度、受高等教育人员占比、每万人发表科技论文数、国家技术转移机构数量、技术合同成交额、国际专利申请数量占地区专利申请总数比例、ICT 服务出口占地区出口总额的比例、综合能耗产出率等 14 项指标排名第一，其中，2021 年北京市每万名从业人员发明专利申请量为 144.74 件，是排名第二的上海的申请量的两倍以上，在国内占据绝对领先地位。然而，与上述表现优秀的指标相比，北京的部分指标仍有提升空间。例如，规模（限额）以上企业中创新合作企业比例仅为 23.58%，对境外机构支出占 R&D 经费外部支出比例仅为 1.69%，分别居全国第 18 位和第 14 位，外商投资高技术企业经费为 214 910 万元，排名第 8，在北京国际科技创新中心的发展过程中属于较为薄弱的环节，但未来可将"短板"作为"跳板"发挥潜力，促进扩大国际交流、促生新的国际合作，服务好北京国际科技创新中心建设，辐射带动全国科技创新发展和国际科技合作。

二、上海

上海在深入推进具有全球影响力的科技创新中心建设进程中，不断拓展国际科技合作网络，与五大洲 20 多个国家及地区建立政府间科技合作关系；积极服务国家科技外交战略，推进"一带一路"科技创新合作；不断吸引国际知名科技组织在上海设立分支机构或代表处，鼓励外资企业在上海设立研发中心。在科技部的指导和支持下，上海近年来在天文、海洋、生命科学等重点领域积极布局，培育有能力主导发起或参与国际大科学计划的创新主体。2021 年，上海还举办第十四届浦江创新论坛和第四届世界顶尖科学家论坛，持续营造具有全球竞争力的开放创新生态。相较于 2020 年，上海 2021 年总指数排名稳居全国第 2 位，一级指标整体排名变化不明显，呈现稳定态势。上海科技创新国际化指数各级指标排名如表 5-3 和图 5-2 所示。

表5-3　上海科技创新国际化指数各级指标排名

一级指标	排名	二级指标	排名	三级指标	排名
国际创新合作基础	5	科技创新实力	2	R&D 人员全时当量占地区从业人员比例	2
				全社会 R&D 投入强度	2
				受高等教育人员占比	2
				每万人发表科技论文数	2
				每万名从业人员发明专利申请量	2
				高技术产业新产品销售收入占主营业务比重	21
		创新市场活跃度	6	创业投资机构数量	5
				国家技术转移机构数量	6
				科技企业孵化器数量	12
				技术合同成交额	5
		创新合作载体	10	高技术产业外资企业办研发机构数量	5
				规模（限额）以上企业中创新合作企业比例	19
创新要素跨国流动	1	人才要素	1	高新技术企业留学归国人员数量占年末从业人员总数比例	2
				高新技术企业外籍常驻人员数量占年末从业人员总数比例	1
				高校教育机构外籍教师人数	1
		资金要素	1	国外资金占 R&D 经费内部支出比例	1
				对境外机构支出占 R&D 经费外部支出比例	1
				外商投资高技术企业经费	4
		知识要素	3	国外主要检索工具收录我国科技论文数	3
				国际专利申请数量占地区专利申请总数比例	4
		技术要素	3	国外技术引进合同金额	1
				国家技术转移机构促成国际技术转移项目成交金额	7
				ICT 服务出口占地区出口总额的比例	6
开放创新环境	2	区域发展水平	2	人均 GDP	2
				二三产业增加值占地区生产总值比例	1
				万人移动互联网用户数	2
				综合能耗产出率	2
		制度环境	1	营商环境得分	1
				政府与市场关系得分	3
		经济开放度	2	贸易开放度	1
				投资开放度	9

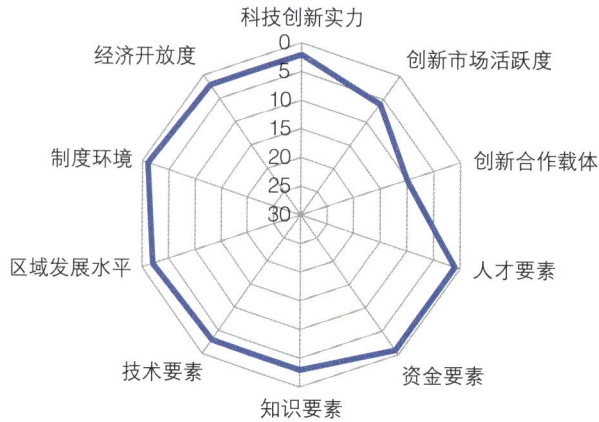

图5-2　上海科技创新国际化指数二级指标排名

一级指标方面，2021 年，上海在人才要素、资金要素两项指标上的显著优势，推动其创新要素跨国流动指数居全国第 1 位，较上年上升 1 位；国际创新合作基础指数排名较上一年没有变化，开放创新环境指数排名居全国第 2 位。

二级指标方面，2021 年，上海各二级指标排名均居全国前 10 位。由于上海高新技术企业外籍常驻人员数量占年末从业人员总数比例、高校教育机构外籍教师人数、国外资金占 R&D 经费内部支出比例、对境外机构支出占 R&D 经费外部支出比例和国外技术引进合同金额等指标的优势和提升，人才要素、资金要素和技术要素排名较上年分别上升 1 位、1 位和 2 位，其中人才要素、资金要素两项指标位列全国第一，为上海各类创新要素跨国流动提供了坚实的基础。

三级指标方面，2021 年，上海高新技术企业外籍常驻人员数量占年末从业人员总数比例、国外资金占 R&D 经费内部支出比例、国外技术引进合同金额、贸易开放度等 8 项指标居全国第 1 位，具有明显的领先优势。然而，上海国际科技创新中心也存在相对弱势的指标。例如，高技术产业新产品销售收入占主营业务比重仅为 21.53%，居全国第 21 位，显著落后于其他指标在全国的地位；规模（限额）以上企业中创新合作企业比例和科技企业孵化器数量分别为 23.01% 和 185 个，分别排在第 19 位和第 12 位，成为上海国际科技创新中心科技创新国际化的相对短板，未来仍有很大的发展空间。

三、粤港澳大湾区

粤港澳大湾区国际科技创新中心加快构建全方位、多层次、宽领域的国际科技创新合作网络；积极贯彻落实"一带一路"倡议，着力推动与沿线国家的科技创新合作；充分发挥大湾区综合优势和国家、省、地市各级人才政策叠加效应，面向海外，特别是创新型国家，引进"高精尖缺"人才和高水平创新团队；全力建设联合实验室和技术转移平台，建立科技园区合作关系，推动创新成果转化落地；依托澳门与葡语国家的桥梁纽带优势，大湾区联合澳门大力推进中国－葡语国家科技交流与成果转化中心建设，积极服务国家对外开放大局和科技创新战略布局。2021年，大湾区深入推进《粤港澳大湾区发展规划纲要》实施，着力提升科技成果转化能力，建设全球科技创新高地和新兴产业重要策源地。以广东为评价对象，相较于2020年，2021年广东总指数居全国第4位，一级指标与上年持平，科技创新国际化态势稳定且处于全国领先地位。广东科技创新国际化指数各级指标排名如表5-4和图5-3所示。

表5-4 广东科技创新国际化指数各级指标排名

一级指标	排名	二级指标	排名	三级指标	排名
国际创新合作基础	3	科技创新实力	6	R&D人员全时当量占地区从业人员比例	6
				全社会R&D投入强度	4
				受高等教育人员占比	13
				每万人发表科技论文数	12
				每万名从业人员发明专利申请量	4
				高技术产业新产品销售收入占主营业务比重	5
		创新市场活跃度	4	创业投资机构数量	4
				国家技术转移机构数量	3
				科技企业孵化器数量	1
				技术合同成交额	2
		创新合作载体	1	高技术产业外资企业办研发机构数量	1
				规模（限额）以上企业中创新合作企业比例	10

续表

一级指标	排名	二级指标	排名	三级指标	排名
创新要素跨国流动	4	人才要素	4	高新技术企业留学归国人员数量占年末从业人员总数比例	5
				高新技术企业外籍常驻人员数量占年末从业人员总数比例	5
				高校教育机构外籍教师人数	5
		资金要素	3	国外资金占 R&D 经费内部支出比例	11
				对境外机构支出占 R&D 经费外部支出比例	11
				外商投资高技术企业经费	2
		知识要素	2	国外主要检索工具收录我国科技论文数	4
				国际专利申请数量占地区专利申请总数比例	2
		技术要素	4	国外技术引进合同金额	2
				国家技术转移机构促成国际技术转移项目成交金额	14
				ICT 服务出口占地区出口总额的比例	4
开放创新环境	3	区域发展水平	5	人均 GDP	7
				二三产业增加值占地区生产总值比例	5
				万人移动互联网用户数	3
				综合能耗产出率	3
		制度环境	2	营商环境得分	2
				政府与市场关系得分	2
		经济开放度	5	贸易开放度	3
				投资开放度	13

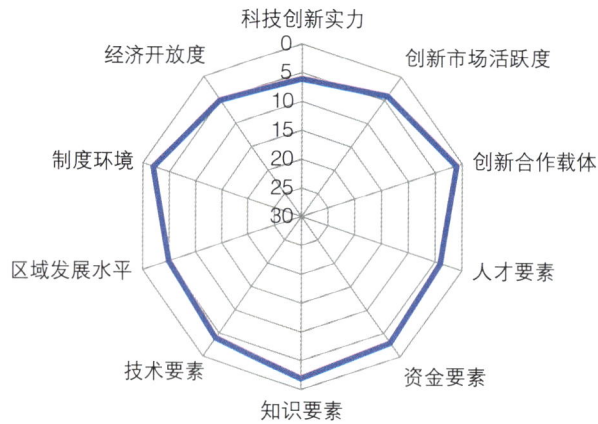

图5-3　广东科技创新国际化指数二级指标排名

一级指标方面，2021 年，国际创新合作基础、创新要素跨国流动和开放创新环境均较上一年没有变化，分列全国第 3、第 4、第 3 位，科技创新国际化优势明显。

二级指标方面，2021 年，广东各二级指标排名均居全国前 10 位。凭借高技术产业外资企业办研发机构数量的绝对优势，广东创新合作载体指标排名稳居第 1 位；基于国外主要检索工具收录我国科技论文数、国际专利申请数量占地区专利申请总数比例及营商环境得分、政府与市场关系得分的稳定发展，知识要素和制度环境两项指标位列全国第 2，为广东各类创新要素跨国流动及开放创新环境提升给予了有力支撑。

三级指标方面，2021 年，广东科技企业孵化器数量、技术合同成交额、高技术产业外资企业办研发机构数量、外商投资高技术企业经费、国际专利申请数量占地区专利申请总数比例等 8 项指标排名均居全国前 2 位，在全国具有显著优势。然而，粤港澳大湾区国际科技创新中心也存在相对弱势的指标。例如，国家技术转移机构促成国际技术转移项目成交金额仅为 20 931 元，居全国第 14 位，相较于其他指标有较大的提升空间；国外资金占 R&D 经费内部支出比例及对境外机构支出占 R&D 经费外部支出比例分别为 0.11% 和 11.76%，均居全国第 11 位，成为粤港澳大湾区科技创新国际化进一步提升的关键因素。

四、成渝地区

（一）四川

四川积极推动成渝地区"一带一路"科技创新合作区的建设，落实科技部的指导意见，推动国际科技合作；建立了多个"一带一路"联合实验室，打造重点平台，推动开放区域合作；加强国别科技合作研究，通过建立国别研究院推动与重点国家的科技合作，构建国际科技交流合作智库，为政府决策提供建议；实施国际科技合作重点项目，聚焦医疗健康、智能制造、新材料等领域，争取国家级和省级国际科技合作项目，实施了 900 余项省级项目，累计经费超过 3 亿元；开展国际交流活动，举办了一系列国际交流活动，如四川与以色列的科技合作会议、中欧科研快车活动、中巴经济走廊自然灾害监测培训班等，有效推动了国际科技交流与合作。相较于 2020 年，2021 年四川一级指标整体排名变化不明显，呈现出相对稳定的发展态势，但总指数排名下降 4 位，主要是创新要素跨国流动、开放创新环境两个指标略有降低。四川科技创新国际化指数各级指标排名如表 5-5 和图 5-4 所示。

表5-5　四川科技创新国际化指数各级指标排名

一级指标	排名	二级指标	排名	三级指标	排名
国际创新合作基础	11	科技创新实力	18	R&D 人员全时当量占地区从业人员比例	18
				全社会 R&D 投入强度	11
				受高等教育人员占比	22
				每万人发表科技论文数	14
				每万名从业人员发明专利申请量	17
				高技术产业新产品销售收入占主营业务比重	22
		创新市场活跃度	9	创业投资机构数量	16
				国家技术转移机构数量	7
				科技企业孵化器数量	11
				技术合同成交额	9
		创新合作载体	11	高技术产业外资企业办研发机构数量	14
				规模（限额）以上企业中创新合作企业比例	8
创新要素跨国流动	12	人才要素	9	高新技术企业留学归国人员数量占年末从业人员总数比例	6
				高新技术企业外籍常驻人员数量占年末从业人员总数比例	12
				高校教育机构外籍教师人数	9
		资金要素	21	国外资金占 R&D 经费内部支出比例	19
				对境外机构支出占 R&D 经费外部支出比例	23
				外商投资高技术企业经费	12
		知识要素	11	国外主要检索工具收录我国科技论文数	9
				国际专利申请数量占地区专利申请总数比例	16
		技术要素	10	国外技术引进合同金额	11
				国家技术转移机构促成国际技术转移项目成交金额	6
				ICT 服务出口占地区出口总额的比例	8

一级指标	排名	二级指标	排名	三级指标	排名
开放创新环境	17	区域发展水平	15	人均 GDP	18
				二三产业增加值占地区生产总值比例	20
				万人移动互联网用户数	21
				综合能耗产出率	13
		制度环境	7	营商环境得分	5
				政府与市场关系得分	14
		经济开放度	22	贸易开放度	13
				投资开放度	21

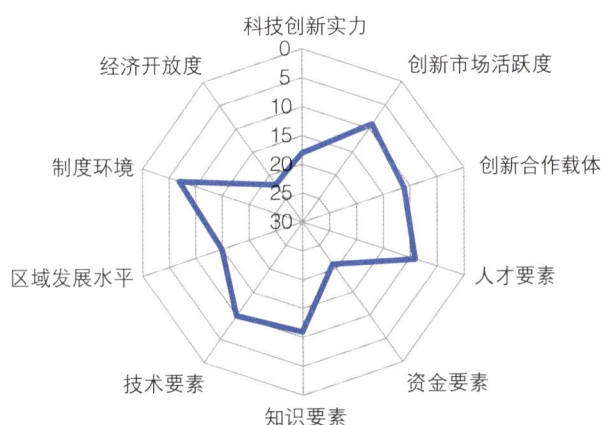

图5-4 四川科技创新国际化指数二级指标排名

一级指标方面，国际创新合作基础 2021 年排名维持在第 11 位不变，但在科技创新实力、创新市场活跃度和创新合作载体二级指标得分方面都有不同程度的改善；创新要素跨国流动居第 12 位，相比上一年下降 2 位；开放创新环境居第 17 位，相比上一年下降 1 位。

二级指标方面，2021 年，科技创新实力在全社会 R&D 投入强度、受高等教育人员占比、每万名从业人员发明专利申请量等细分领域都有所改善，排名从 2020 年的第 21 位上升至第 18 位，创新合作载体排名从 2020 年的第 14 位上升至第 11 位；在人才要素方面，尽管排名下降了 2 位，但在高新技术企业留学归国人员数量占年末从业人员总数比例、高等教育机构外籍教师及高新技术企业外籍常驻人员数量占年末从业人员总数比例 3 个指标上依旧保持较好表现。

三级指标方面，2021 年，国家技术转移机构数量、规模（限额）以上企业中创新合作企业比例、高新技术企业留学归国人员数量占年末从业人员总数比例、国外主要检索工具收录我国科技论文数、ICT 服务出口占地区出口总额的比例、营商环境得分等指标表现良好，均居全国前 10 位。另外，综合能耗产出率为 21.67%，排名上升 6 位，进步最为明显；而国外资金占 R&D 经费内部支出比例排第 19 位，相较 2020 年下降10 位，下滑最为明显。总体上看，四川国际科技创新合作在创新市场、人才引进等领域表现良好，但在区域发展和资金方面仍面临一定挑战。

（二）重庆

重庆在"十三五"期间与 60 多个国家展开科技交流合作，70% 涉及"一带一路"国家，推动了 130 多个国际科技联合研发项目，举办了 360 多场国际科技交流活动，建立了23 个国际技术转移平台，吸引了全球各地的科技人才参与，国际技术转移逐步具有成效。2021 年，重庆组织举办"推动具有全国影响力的科技创新中心建设专题研讨班"，积极参加中国国际人才交流基金会相关活动，加强与乌克兰等国政府的科技合作，成立了成渝地区双城经济圈国际科技合作基地联盟等。未来，重庆将打造国际技术转移中心，推动国际科技联合研发，深化与全球创新网络的融合，构建高水平的科技合作机制，适时建设中西部国际交往中心。相较于 2020 年，2021 年重庆总指标排名上升2 位，一级指标排名均有上升，表现出良好的发展势态，二级指标中资金要素排名上升 11 位，进步最为明显。重庆科技创新国际化指数各级指标排名如表 5-6 和图 5-5所示。

表5-6 重庆科技创新国际化指数各级指标排名

一级指标	排名	二级指标	排名	三级指标	排名
国际创新合作基础	14	科技创新实力	12	R&D 人员全时当量占地区从业人员比例	9
				全社会 R&D 投入强度	14
				受高等教育人员占比	9
				每万人发表科技论文数	11
				每万名从业人员发明专利申请量	11
				高技术产业新产品销售收入占主营业务比重	19
		创新市场活跃度	18	创业投资机构数量	12
				国家技术转移机构数量	18
				科技企业孵化器数量	13
				技术合同成交额	22
		创新合作载体	8	高技术产业外资企业办研发机构数量	13
				规模（限额）以上企业中创新合作企业比例	4
创新要素跨国流动	11	人才要素	15	高新技术企业留学归国人员数量占年末从业人员总数比例	11
				高新技术企业外籍常驻人员数量占年末从业人员总数比例	14
				高校教育机构外籍教师人数	19
		资金要素	5	国外资金占 R&D 经费内部支出比例	13
				对境外机构支出占 R&D 经费外部支出比例	2
				外商投资高技术企业经费	14
		知识要素	17	国外主要检索工具收录我国科技论文数	17
				国际专利申请数量占地区专利申请总数比例	14
		技术要素	12	国外技术引进合同金额	6
				国家技术转移机构促成国际技术转移项目成交金额	22
				ICT 服务出口占地区出口总额的比例	16
开放创新环境	12	区域发展水平	11	人均 GDP	8
				二三产业增加值占地区生产总值比例	9
				万人移动互联网用户数	12
				综合能耗产出率	20
		制度环境	8	营商环境得分	9
				政府与市场关系得分	12
		经济开放度	18	贸易开放度	9
				投资开放度	20

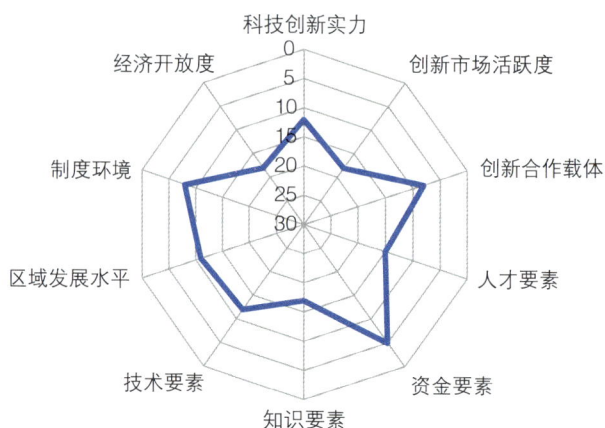

图5-5　重庆科技创新国际化指数二级指标排名

一级指标方面，2021 年，国际创新合作基础居第 14 位，较 2020 年上升 1 位；创新要素跨国流动从 2020 年的第 14 位上升至 2021 年的第 11 位，在资金方面取得了较大进步；开放创新环境居第 12 位，较上年上升 3 位。整体来看，重庆在一级指标上的表现稳步提升。

二级指标方面，2021 年，科技创新实力居第 12 位，较上年上升 2 位，特别是在受高等教育人员占比上表现优异；创新市场活跃度仍然较为落后，居第 18 位，虽然较 2020 年有所进步，但在全国仍处于较低水平；人才要素的位次下降 4 位；资金要素在 2021 年取得了显著提升，排名上升了 11 位；区域发展水平从上年的第 8 位滑落至第 11 位。

三级指标方面，2021 年，受高等教育人员占比为 19.37%，排名从上年的第 15 位跃升至第 9 位，跻身前十；创业投资机构数量从上年的第 20 位提升到第 12 位，显示出创业投资环境得到了改善；对境外机构支出占 R&D 经费外部支出比例为 25.28%，居第 2 位，较上年的第 12 位有了非常显著的进步，体现出重庆在 R&D 对外投入上有所加大，增强了跨国研发合作能力。弱势指标突出表现在高等教育机构外籍教师数量上，居第 19 位，相较上年下降了 8 位，排名降低最明显。总体上看，重庆市应进一步发挥对外资金要素的优势，完善人才机制，优化科技创新国际化生态环境，提升科技创新水平。

五、湖北

2021 年，湖北围绕国家总体外交需求，成功开展了多项国际科技合作，尤其是成功举办了首届中非创新合作大会，使它成为全国唯一面向非洲的国家级创新合作平台。积极承办了中土、中瑞、中芬等多项国家级科技交流活动。通过参与"外交部湖北全球特别推介活动"等重大国际交流活动，展示了东湖科学城和光谷科技创新大走廊的建设成果；积极推动与俄罗斯激光领域的战略合作，连续支持武汉"光博会"等国际科技峰会的举办。另外，湖北出台了《关于在中国（湖北）自由贸易试验区试行进一步激发人才创新创业活力措施的意见》，推动了更加开放的创新人才政策，为国际科技人才在湖北的创业发展提供了良好的环境。相较于 2020 年，2021 年湖北总指标排名上升 1 位，排名全国第 7，一级指标排名相对稳定。湖北科技创新国际化指数各级指标排名如表 5-7 和图 5-6 所示。

表5-7　湖北科技创新国际化指数各级指标排名

一级指标	排名	二级指标	排名	三级指标	排名
国际创新合作基础	8	科技创新实力	10	R&D 人员全时当量占地区从业人员比例	11
				全社会 R&D 投入强度	10
				受高等教育人员占比	16
				每万人发表科技论文数	7
				每万名从业人员发明专利申请量	9
				高技术产业新产品销售收入占主营业务比重	13
		创新市场活跃度	7	创业投资机构数量	11
				国家技术转移机构数量	8
				科技企业孵化器数量	6
				技术合同成交额	7
		创新合作载体	6	高技术产业外资企业办研发机构数量	8
				规模（限额）以上企业中创新合作企业比例	3

续表

一级指标	排名	二级指标	排名	三级指标	排名
创新要素跨国流动	5	人才要素	6	高新技术企业留学归国人员数量占年末从业人员总数比例	3
				高新技术企业外籍常驻人员数量占年末从业人员总数比例	3
				高等教育机构外籍教师人数	12
		资金要素	13	国外资金占 R&D 经费内部支出比例	9
				对境外机构支出占 R&D 经费外部支出比例	13
				外商投资高技术企业经费	13
		知识要素	5	国外主要检索工具收录我国科技论文数	7
				国际专利申请数量占地区专利申请总数比例	8
		技术要素	1	国外技术引进合同金额	10
				国家技术转移机构促成国际技术转移项目成交金额	1
				ICT 服务出口占地区出口总额的比例	13
开放创新环境	16	区域发展水平	16	人均 GDP	9
				二三产业增加值占地区生产总值比例	16
				万人移动互联网用户数	28
				综合能耗产出率	19
		制度环境	6	营商环境得分	4
				政府与市场关系得分	7
		经济开放度	19	贸易开放度	23
				投资开放度	16

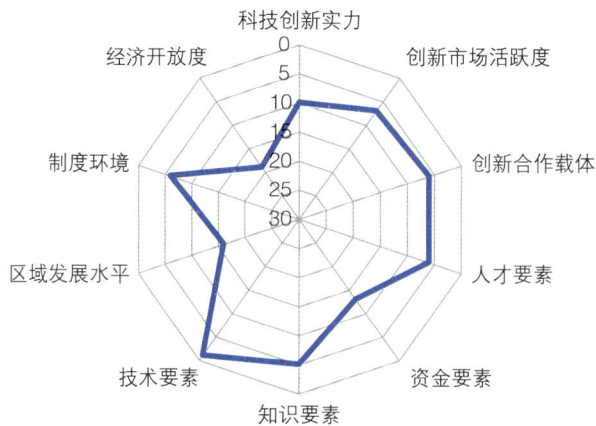

图5-6　湖北科技创新国际化指数二级指标排名

一级指标方面，2021 年，湖北国际创新合作基础排名保持第 8 位，与 2020 年持平；创新要素跨国流动排名显著上升至第 5 位，相比于上年的第 9 位有大幅进步；开放创新环境排名略微退步，从 2020 年的第 14 位降至第 16 位。

二级指标方面，2021 年，湖北科技创新实力排名为第 10 位，相较于上年位次下降 3 位；创新市场活跃度和人才要素排名分别较上年提升了 1 位、2 位，表现稳定；值得注意的是，在技术要素中，湖北 2021 年排名为全国第 1 位，在技术引进和应用方面表现卓越，特别是国家技术转移机构促成国际技术转移项目成交金额从第 4 位跃升至第 1 位，进步显著。

三级指标方面，2021 年，高技术产业新产品销售收入占主营业务比重排名从第 8 位下降至第 13 位，位次下降最为明显；规模（限额）以上企业中创新合作企业比例和高新技术企业留学归国人员数量占年末从业人员总数比例分别为 32.28% 和 0.48%，位次分别从 2020 年的第 7 位和第 12 位均跃升至 2021 年的第 3 位，进步非常显著，标志着在设立创新企业与吸引国际高层次人才方面的显著进展；国家技术转移机构促成国际技术转移项目成交金额为 35.66 亿元，排名从上年的第 4 位跃升至第 1 位，在国际技术转移领域的成效显著；高新技术企业外籍常驻人员数量占年末从业人员总数比例、营商环境得分分别排名第 3 位和第 4 位，表现优异且稳定。

六、陕西

"十三五"以来，陕西紧抓"一带一路"科技创新行动计划，充分利用国际和国内资源，出台了《陕西省实施创新驱动发展战略纲要》《陕西省国民经济和社会发展第十三个五年规划纲要》，建立了多个国家级、省级国际科技合作基地，并与 40 多个国家开展了科技合作。陕西实施了多个国际科技合作项目，尤其在农业、能源、新材料等领域，取得了技术突破，并通过项目合作吸引国际技术和资金投入。2021 年，陕西先后召开了陕西国际科技创新创业博览会、2021 年中国（陕西）－美国（硅谷）科创项目合作交流会和 2021 丝绸之路国际产学研用合作会议等国际化科技合作会议，全省首个"一带一路"联合实验室获批建设。"十四五"期间，陕西聚焦解决"卡脖子"技术问题，推进省级重点国际科技合作项目，突破关键核心技术；鼓励省内企业、高校和科研机构与国外创新机构深层次合作；支持国外创新机构在陕西设立研发中心、实验室等，增强科技创新能力和国际竞争力。相较于 2020 年，2021 年陕西总指标排名上升 1 位，排名为全国第 10 位。陕西科技创新国际化指数各级指标排名如表 5-8 和图 5-7 所示。

表5-8 陕西科技创新国际化指数各级指标排名

一级指标	排名	二级指标	排名	三级指标	排名
国际创新合作基础	9	科技创新实力	7	R&D 人员全时当量占地区从业人员比例	13
				全社会 R&D 投入强度	7
				受高等教育人员占比	6
				每万人发表科技论文数	4
				每万名从业人员发明专利申请量	8
				高技术产业新产品销售收入占主营业务比重	20
		创新市场活跃度	8	创业投资机构数量	8
				国家技术转移机构数量	9
				科技企业孵化器数量	14
				技术合同成交额	6
		创新合作载体	15	高技术产业外资企业办研发机构数量	16
				规模（限额）以上企业中创新合作企业比例	14
创新要素跨国流动	9	人才要素	7	高新技术企业留学归国人员数量占年末从业人员总数比例	12
				高新技术企业外籍常驻人员数量占年末从业人员总数比例	6
				高校教育机构外籍教师人数	8
		资金要素	18	国外资金占 R&D 经费内部支出比例	15
				对境外机构支出占 R&D 经费外部支出比例	29
				外商投资高技术企业经费	7
		知识要素	9	国外主要检索工具收录我国科技论文数	5
				国际专利申请数量占地区专利申请总数比例	15
		技术要素	8	国外技术引进合同金额	25
				国家技术转移机构促成国际技术转移项目成交金额	10
				ICT 服务出口占地区出口总额的比例	3

一级指标	排名	二级指标	排名	三级指标	排名
开放创新环境	15	区域发展水平	12	人均GDP	12
				二三产业增加值占地区生产总值比例	14
				万人移动互联网用户数	7
				综合能耗产出率	16
		制度环境	18	营商环境得分	17
				政府与市场关系得分	16
		经济开放度	13	贸易开放度	16
				投资开放度	11

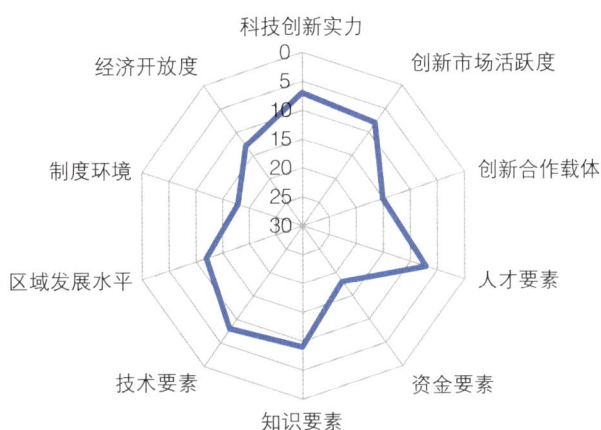

图5-7　陕西科技创新国际化指数二级指标排名

一级指标方面，2020—2021年，陕西国际创新合作基础排名均为第9位，保持了稳定的表现。2021年，开放创新环境排名为第15位，较上年下降2位，制度环境的支撑作用有所减弱；创新要素跨国流动排名为第9位，较上年的第13位有明显提升。

二级指标方面，2021年，科技创新实力排名为第7位，较2020年的第9位有所提升；人才要素排名为第7位，相较于上年位次上升7位，提升最为显著；资金要素从2020年的第23位提升至第18位，排名提升5位，制度环境较2020年的第11位显著下降至第18位。

　　三级指标方面，2021 年，每万人发表科技论文数为 6.71 篇、ICT 服务出口占地区出口总额的比例为 4.72%，分别居第 4 位和第 3 位，表现最为突出；高新技术企业外籍常驻人员数量占年末从业人员总数比例为 0.12%，居第 6 位，较上年的第 22 位有大幅提升，表明陕西在吸引外籍技术人员和高端人才方面取得了突破，国际人才流动性有所增强；营商环境得分居第 17 位，较上年下降 7 位，下降最为明显。值得注意的是，陕西对境外机构支出占 R&D 经费外部支出比例仅为 0.42%，居第 29 位，较上年下降 1 位，显著落后于其他省级行政区，也说明陕西该指标具有巨大的进步空间。

中国科技创新国际化指数研究报告2023

展　望　第六章

党的二十届三中全会指出，要扩大国际科技交流合作。习近平总书记在全国科技大会、国家科学技术奖励大会、两院院士大会上指出，要加快建设具有全球影响力的科技创新中心，要扩大科技交流合作，形成具有全球竞争力的科技创新开放环境。当前，百年变局全方位、深层次加速演进，国际力量对比深刻变化，外部环境的严峻性、复杂性、不确定性持续上升，深化国际科技合作成为实现科技强国目标的关键之举。因此，我们必须高水平融入全球创新网络，高质量利用全球创新资源，在开放合作中实现自立自强。

世界知识产权组织（WIPO）发布的《全球创新指数 2024》(The Global Innovation Index 2024，GII）显示，我国全球创新指数排名居全球第 11 位，科技创新出口等国际化指标排名靠前，反映了我国国际科技创新合作水平较高。然而，从国内层面看，国内各地区科技开放合作发展水平不尽相同。本报告研究发现，我国各地区科技创新国际化指数差异显著，中部、西部和东北地区仍有较大提升空间，而北京、上海、粤港澳大湾区等地区虽然国际科技合作水平较高，但在国际创新合作基础、创新要素跨国流动和开放创新环境三大方面发展不平衡，各有侧重，亦各有短板。客观而言，我国各地尚未具备强大的资源集聚能力，距离建成具有全球影响力的科技创新中心目标仍有较大提升空间。

改革开放经验表明，中国科技创新的发展离不开世界，国际科技合作对推动中国科技创新发展发挥了重要作用。国际科技合作是走好中国特色自主创新道路的应有之义，也是实现 2035 年建成科技强国目标的重要任务之一。实现更高水平、更宽领域、更深层次推动国际科技合作，需要充分发挥举国体制优势，各部门、各地区及产学研主体通力协作，形成国际科技合作全国"一盘棋"。为此，各地方要在锻长板、补短板与修炼好内功的同时，与周边城市或城市群形成工作合力，努力开辟国际科技合作新局面；各大科技创新中心要发挥好辐射带动作用，在全球创新要素集聚、政策环境建设等方面做好引领和示范。下一步，编写组也将更新数据内容，不断优化评价框架，持续做好跟踪研究，更加客观、全面地展现各地区科技创新国际化发展水平，通过定期发布指数报告，为各地方找准国际科技合作工作的着力点提供参考借鉴。

中国科技创新国际化指数研究报告2023

主要统计指标解释

附录一

1. R&D 人员全时当量占地区从业人员比例：指全时人员数加非全时人员按工作量折算为全时人员数的总和占地区从业人员数的百分比。

2. 全社会 R&D 投入强度：指全社会 R&D 经费支出与地区生产总值之比。

3. 受高等教育人员占比：指拥有大学（大专及以上）文化程度的人口占总人口的比重。

4. 每万人发表科技论文数：指 SCI 论文发表数量与万名人口之比。

5. 每万名从业人员发明专利申请量：指发明专利申请量与万名就业人员之比，其中发明专利是指对产品、方法或者其改进所提出的新的技术方案，是国际通行的反映拥有自主知识产权技术的核心指标。

6. 高技术产业新产品销售收入占主营业务比重：指报告期企业销售新产品实现的销售收入占企业开展日常主要活动实现的总销售收入的百分比。其中，新产品是指采用新技术原理、新设计构思研制、生产的全新产品，或者在结构、材质、工艺等某一方面比原有产品有明显改进，从而显著提高产品性能或扩大使用功能的产品。

7. **创业投资机构数量**：包括创业投资企业（基金），以政府资金直接设立创业投资基金，或者采用引导基金方式参股的创业投资；创业投资管理企业，其受创业投资基金委托，筛选投资项目，提出投资决策建议，并受托进行投资后管理。

8. **国家技术转移机构数量**：指为推进全国技术转移一体化建设，根据《国家技术转移促进行动实施方案》《国家技术转移示范机构管理办法》，在经国务院有关部门，各省、自治区、直辖市、计划单列市科技厅（委、局）推荐和专家评议后，由科技部确定并实行动态管理的技术转移机构示范机构。

9. **科技企业孵化器数量**：指以促进科技成果转化，培育科技企业和企业家精神为宗旨，提供物理空间、共享设施和专业化服务的科技创业服务机构。

10. **技术合同成交额**：指在技术市场管理办公室认定登记的技术合同（技术开发、技术转让、技术咨询、技术服务）的合同标的金额的总和。

11. **高技术产业外资企业办研发机构数量**：指报告期从事高技术密集型产业研究与开发的外商投资企业在中国境内设立独立或非独立运营的、具有自主研发能力的技术创新组织载体数量。

12. **规模（限额）以上企业中创新合作企业比例**：指报告期达到一定规模、资质或限额的企业总数中，开展过创新合作活动的企业数占比。

13. **高新技术企业留学归国人员数量占年末从业人员总数比例**：指按照《高新技术企业认定管理办法》获得认定的、在《国家重点支持的高新技术领域》内，持续进行研究开发与技术成果转化、形成企业核心自主知识产权，并以此为基础开展经营研究、在中国境内（不包括港、澳、台地区）注册的企业中，年末留学归国人员从业总数占年末从业人员总数的比例。

14. **高新技术企业外籍常驻人员数量占年末从业人员总数比例**：指按照《高新技术企业认定管理办法》获得认定的、在《国家重点支持的高新技术领域》内，持续进行研究开发与技术成果转化、形成企业核心自主知识产权，并以此为基础开展经营研究、在中国境内（不包括港、澳、台地区）注册的企业中，年末外籍常驻从业人员数量占年末从业人员总数的比例。

15. 高校教育机构外籍教师人数：指全国各省级行政区范围内的所有高等教育学校（包括普通高校、本科层次职业高校和专科层次职业高校）中，当年拥有各类外籍教师的总人数。

16. 国外资金占 R&D 经费内部支出比例：指国外资金与 R&D 经费内部支出的比值，其中 R&D 经费内部支出指调查单位用于内部开展 R&D 活动（基础研究、应用研究和试验发展）的实际支出，包括政府资金、企业资金、国外资金和其他资金。

17. 对境外机构支出占 R&D 经费外部支出比例：指对境外机构支出与 R&D 经费外部支出的比值，其中 R&D 经费外部支出指报告年度调查单位委托外单位或与外单位合作进行 R&D 活动而拨给对方的经费，包括对境内研究机构支出、对境内高等学校支出、对境内企业支出和对境外机构支出。

18. 外商投资高技术企业经费：指在我国的各类高技术企业中，由外商直接投资的经费规模。

19. 国外主要检索工具收录我国科技论文数：指我国发表在 SCI、EI、CPCI-S 期刊上的科学研究成果数量。

20. 国际专利申请数量占地区专利申请总数比例：指国际 PCT 专利申请数量与地区专利申请总数的比值。

21. 国外技术引进合同金额：是指在中华人民共和国境内的公司、企业、团体或个人（受方）为引进技术同中华人民共和国境外的公司、企业、团体或个人（供方）订立的明确相互权利义务关系的协议中规定的总金额。

22. 国家技术转移机构促成国际技术转移项目成交金额：指根据《国家技术转移促进行动实施方案》《国家技术转移示范机构管理办法》认定的机构中，全年促成的国际技术转移项目的成交总额。

23. ICT 服务出口占地区出口总额的比例：指信息与通信技术（ICT）服务出口总额占地区出口总额的比重。

24. 人均 GDP：即人均生产总值，由一个地区核算期内（通常是一年）实现的生产总值与这个地区的常住人口（或户籍人口）相比得到，是衡量地区经济运行状况的有效工具。

25. 二三产业增加值占地区生产总值比例：由第二、第三产业增加值之和除以地区生产总值获得，反映一个地区的产业结构状况。

26. 万人移动互联网用户数：衡量每万人中使用移动互联网的人数，该指标可以反映一个地区移动互联网的普及程度和信息化水平。

27. 综合能耗产出率：表示在一定时期内，单位标准煤消耗所产生的经济价值，计算公式为：综合能耗产出率 = 总产值／总标准煤消耗量。该指标通常用于评估各种行业或企业的能源利用效率及经济效益，也可以用来比较不同地区的能源效率水平。

28. 营商环境得分：参照张三保、张志学 2023 年研究成果，从市场环境、政务环境、法治环境、人文环境 4 个方面选取指标测度营商环境指数。

29. 政府与市场关系得分：参照王小鲁、胡李鹏、樊纲 2023 年研究成果，政府与市场关系得分包括市场分配经济资源的比重、减少政府对企业的干预、缩小政府的规模等 3 个分项指数。

30. 贸易开放度：指进出口贸易额与地区生产总值之比。

31. 投资开放度：指外国直接投资（FDI）及对外直接投资（OFDI）之和与地区生产总值的比值。

中国科技创新国际化指数研究报告2023

数据来源 附录二

［1］ 国家统计局社会科技和文化产业统计司、科学技术部战略规划司　《中国科技统计年鉴 2022》

［2］ 国家统计局社会科技和文化产业统计司　《中国高技术产业统计年鉴 2022》

［3］ 科学技术部火炬高技术产业开发中心　《中国火炬统计年鉴 2022》

［4］ 中国科学技术发展战略研究院　《中国创业投资发展报告 2022》

［5］ 科学技术部战略规划司　《中国区域创新能力监测报告 2023》

［6］ 国家统计局　《各地区第七次人口普查公报》

［7］ 国家统计局　《中国贸易外经统计年鉴 2022》

［8］ 国家统计局　《中国区域经济统计年鉴 2022》

［9］ 国家统计局　《中国统计年鉴 2022》

［10］ 中国科学技术协会　《中国科学技术协会统计年鉴 2022》

［11］ 张三保、张志学　《中国城市营商环境研究报告 2023》

［12］ 王小鲁、胡李鹏、樊纲　《中国分省份市场化指数报告 2023》

［13］ 万得（Wind）信息网（https：//www.wind.com.cn／）

［14］ EPS 数据平台（https：//www.epsnet.com.cn／index.html＃／Index）

［15］ 产业信息网（https：//www.chyxx.com／top／202112／989580.html）

［16］ Web of Science 科研数据平台

［17］ 国家知识产权局（https：//www.cnipa.gov.cn／）

［18］ iFind 金融数据终端（PC 终端）